모의고사 10회분

②

시사EJU플랜 **EJU 종합과목 모의고사 10회분 ❷**

초판발행	2025년 9월 30일
1판 2쇄	2025년 10월 30일
저자	조재면
감수	사사키 타쿠
편집	오은정, 조은형, 김성은, 무라야마 토시오
펴낸이	엄태상
디자인	이건화
조판	이서영
콘텐츠 제작	김선웅, 이다빈, 조현준, 윤여명, 장형진
마케팅	이승욱, 노원준, 조성민, 이선민, 김동우
경영기획	조성근, 최성훈, 김로은, 최수진, 오희연
물류	정종진, 윤덕현, 신승진, 구윤주
펴낸곳	시사일본어사(시사북스)
주소	서울시 종로구 자하문로 300 시사빌딩
주문 및 교재 문의	1588-1582
팩스	0502-989-9592
홈페이지	www.sisabooks.com
이메일	book_japanese@sisadream.com
등록일자	1977년 12월 24일
등록번호	제 300-2014-92호

ISBN 978-89-402-9452-9 13730

* 이 책의 내용을 사전 허가 없이 전재하거나 복제할 경우 법적인 제재를 받게 됨을 알려 드립니다.
* 잘못된 책은 구입하신 서점에서 교환해 드립니다.
* 정가는 표지에 표시되어 있습니다.

일본유학시험(EJU) 종합과목은 일본 대학 진학 시 필요한 과목(문과에 해당)으로 정치, 경제, 세계사, 지리, 현대사회 등의 내용을 포함하고 있습니다. EJU 종합과목은 일본 대학 진학에 중요한 과목이지만, 일본 현지의 입시 시험(센터시험)과는 문제 형태나 내용 면에서 다른 유형을 가지고 있습니다. 따라서 EJU에 특화된 유형과 내용의 문제를 별도로 학습하는 것이 중요합니다.

하지만 시중에는 양질의 EJU 종합과목 문제가 많지 않으며, 기존의 문제집에도 범위를 벗어나거나 출제 유형과 다른 형태의 문제가 많습니다. 또한 2002년부터 시작된 EJU의 과거 기출문제도 그 양이 많지 않습니다. 무엇보다 종합과목의 경우, 일본 내 또는 해외 정세 등에 변화가 계속되고 있어 최신 데이터로 업데이트된 내용이 아니면 학습에 활용하기 어렵다는 문제점이 있습니다. 이러한 안타까운 현실과 더 많은 학생들에게 다양한 문제를 제공하겠다는 취지로 이 교재를 집필하게 되었습니다.

저자는 2007년부터 EJU 강의를 시작하여 2013년부터는 시사일본어학원에서 EJU 종합과목 전문 강사로 활발히 활동 중이며, 문제 분석과 자료 정리 등 꾸준한 연구 개발을 통해 현재까지 수많은 고득점자를 배출하고 있습니다. 이 교재는 고득점을 위해 개설된 TOPCLUB반에서 실제 사용된 문제로 구성하였으며, 종합과목의 개념서인 〈조재면의 EJU 종합과목 개정판〉과 더불어 학업 성취에 큰 도움이 될 것입니다.

또한 일본의 출판사로부터 사용 허가를 받은 최신 데이터를 사용하여 문제를 제작하였으며, 시사일본어학원 종로캠퍼스에서 EJU 종합과목을 강의하는 사사키 타쿠 선생님의 검수를 받아 완성도를 높였습니다.

일본 대학 진학을 희망하는 여러분께 이 문제집이 큰 도움이 되어 합격의 꿈을 이루시기 바라며, 성공적인 유학 생활을 응원하겠습니다.

저자 조재면

이 책의 구성과 특징

- 2002년부터 현재까지의 기출문제 완벽 분석!
- 기출문제와 동일한 난이도의 중요 문제 전격 공개!
- 기초부터 고득점까지 모든 학습자를 커버!
- 세계지도, 일본지도 활용법 공개!
- 2002년부터 현재까지 종합과목만을 연구하고 있는 1타 강사의 모든 노하우 공개!

✓ 학습 플랜 체크 학습 날짜, 시간, 정답 수를 기입해 봅시다.

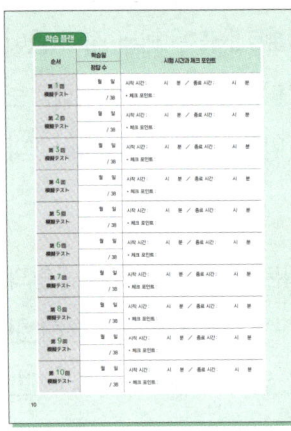

학습한 날짜와 정답수 시간 등을 체크해 보고, 자신의 현재 상황을 점검합니다. 매회 틀린 문제나 맞았더라도 풀이 시 애매했던 사항을 정리해 실제 시험에 대비하도록 합시다.

✓ 문제 풀기 모의테스트 문제를 풀어 봅시다!

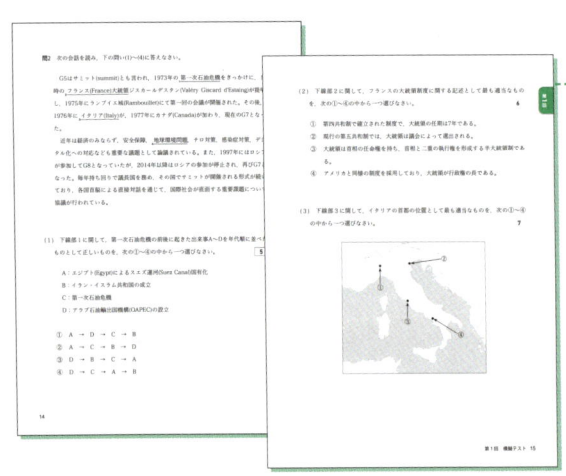

2002년부터 현재까지의 기출문제를 철저히 분석하여 기출문제와 난이도를 동일하게 맞췄습니다. 기초부터 고득점을 노리는 수험생들까지 충분히 연습할 수 있도록 모의테스트 10회분의 중요 문제만을 엄선하였고, 사사키 타쿠 선생님께 감수를 받았습니다.

✓ 정답 확인 모의테스트 정답을 확인해 봅시다!

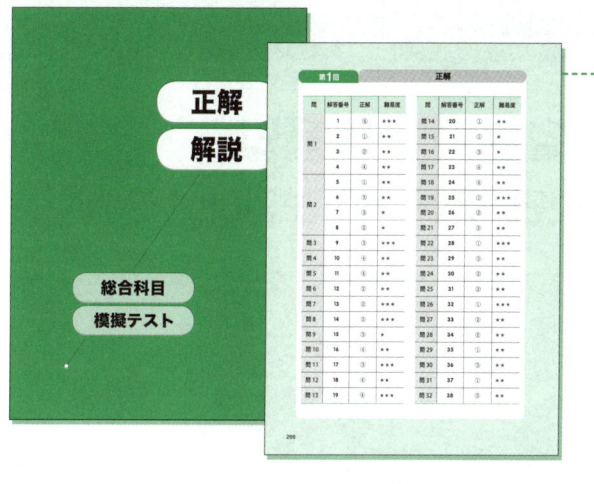

정답을 확인하면서 문제의 난이도도 함께 체크합시다.

✓ 해설 확인 해설 및 중요 키워드를 체크합시다!

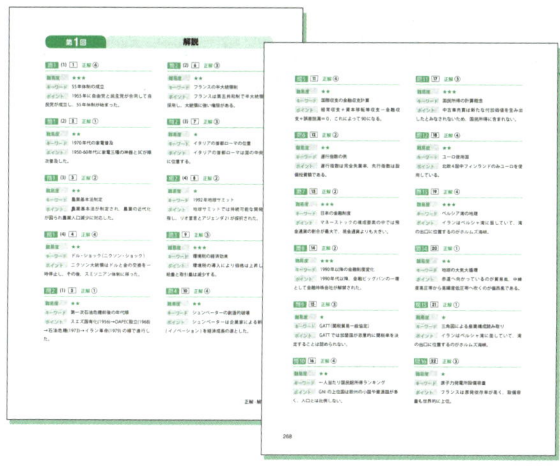

해설을 꼼꼼히 보면서 어떤 내용을 잘못 알고 있었는지 확인하고 중요 키워드를 꼭 체크합시다. 중요 키워드를 체크하는 것만으로 만점에 가까워집니다.

✓ 부록 세계지도와 일본지도

EJU 종합과목 1타강사인 저자의 세계지도와 일본지도 활용법 대공개!

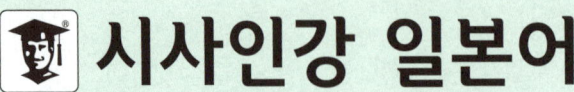# 시사인강 일본어

오프라인 전타임 마감 신화! 이제 온라인에서 만난다!

 무료 동영상

『세계지도, 일본지도 활용법』
세계를 한눈에 보면 종합과목이 보인다!

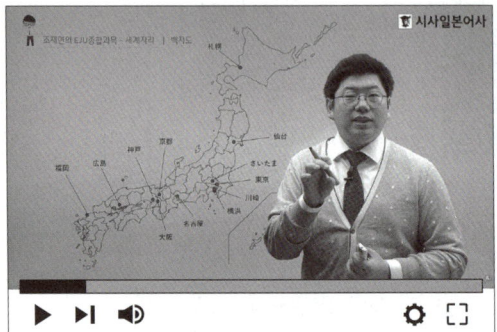

★ 시사북스 유튜브채널(https://www.youtube.com/@sisabooks)에서 확인하실 수 있습니다.

 유료 동영상

『조재면의 EJU 종합과목 개정 2판』
상식을 늘려 주고 세상을 보여주는 강의!
EJU 종합과목은 전문 강사에게 배우자!

✔ 기출문제 분석으로 최신경향 완벽 반영

✔ 쉽고 빠르게! 용어 정리와 문제 풀이를 통해 실전 감각을 극대화

★ 인터넷 검색창에서 '시사인강' 또는 '시사인강일본어'로 검색해 주세요.

- 머리말
- 이 책의 구성과 특징
- EJU 시험 정보
- 학습 플랜 ·· 10

第1回	模擬テスト	11
第2回	模擬テスト	35
第3回	模擬テスト	61
第4回	模擬テスト	85
第5回	模擬テスト	109
第6回	模擬テスト	133
第7回	模擬テスト	159
第8回	模擬テスト	187
第9回	模擬テスト	213
第10回	模擬テスト	239

- 正解／解説 ·· 265

| 부록 | 317 |

EJU 시험 정보

- ### 일본유학시험 실시 목적

  외국인 유학생으로 일본의 대학(학부) 등에 입학을 희망하는 자의 일본어 능력 및 기초 학력을 평가하는 것을 목적으로 합니다.

- ### 과목 구성

  수험자는 지원 대학 등에서 지정하고 있는 과목에 근거하여, 아래의 과목 중에서 선택하여 응시합니다. 단, 이과와 종합과목을 동시에 선택할 수 없습니다.

과목	목적	해답 시간	득점 범위
일본어 과목	일본의 대학 등에서 면학할 수 있는 일본어 능력 (아카데믹 재패니즈)을 측정	125분	독해 0~200점 청독해/청해 0~200점 기술(記述) 0~50점
이과	일본 대학 등의 자연계 학부에서의 면학에 필요한 이과(물리·화학·생물)의 기초적인 학력을 측정	80분	0~200점
종합과목	일본의 대학 등에서 면학에 필요한 인문계의 기초적인 학력, 특히 사고력, 논리적 능력을 측정	80분	0~200점
수학	일본 대학 등에서의 면학에 필요한 수학의 기초적인 학력을 측정	80분	0~200점

  ※ 각 과목은 공통의 척도에 의거하여 채점됩니다. (득점 등화[得点等化] 방식) (일본어 과목의 기술 영역은 제외)

- ### [일본어 과목] 구성

① 구성	기술(記述), 독해, 청독해/청해 총 3영역
② 순서/시간	기술(30분) → 독해(40분) → 청독해/청해(약 55분 연속 실시)
③ 득점 범위	기술(記述) 0~50점 독해 0~200점, 청독해/청해 0~200점 총 400점

- ### [이과] 구성

  이과에는 물리·화학·생물 3과목이 있습니다.
  수험자는 지원 대학에서 지정하고 있는 바에 근거하여, 시험 당일 답안지 상에 3과목 중에서 2과목을 선택해야 합니다.

  ※ 한 과목만 선택한 경우에는 채점되지 않습니다.

- **[종합과목] 구성**

  정치·경제·사회를 중심으로 하여 지리와 역사에서 종합적으로 출제됩니다. 유학생이 일본의 대학 등에서 면학에 필요한 현대 일본의 기초 지식을 가지고, 근현대 국제 사회의 기본적인 문제에 대해 논리적으로 사고하고 판단하는 능력이 있는지를 측정합니다.

- **[수학] 구성**

  수학에는 코스1(인문계 학부 및 수학의 필요성이 비교적 적은 자연계 학부용), 코스 2(수학을 고도로 필요로 하는 학부용)의 두 종류가 있습니다. 수험자는 수험 희망 대학의 지정에 근거하여, 시험 당일 답안지 상에 둘 중 한가지를 선택해야 합니다.

- **출제 언어**

  일본유학시험은 2개 언어(일본어 및 영어)로 문제가 출제됩니다(일본어 과목은 일본어로만 출제됨). 또한 문제지는 일본어와 영어가 각각 다른 용지이므로, 수험자는 지원 대학에서 지정하고 있는 언어에 근거하여, 원서 작성 시 원서 상에 둘 중 한 가지를 선택하여 표기해야 합니다.

- **답안지 종류**

  일본어 과목의 답안지는 '객관식' 및 '서술식' 두 종류이며 이과, 종합과목, 수학은 모두 '객관식' 답안지에 답안을 작성하도록 되어 있습니다.

  ※ 객관식 : 다지선다형 마크시트 방식 / 서술식 : 문장을 직접 작성하는 방식

- **시험 시간 / 해답 시간 / 지각 한도**

  시험 시간: 시험에 관한 여러 가지 안내 시간, 문제지·답안지 배부 시간, 문제를 풀고 해답을 하는 시간을 모두 포함한 시간입니다.
  해답 시간: 문제를 풀고 해답을 하는 시간만을 말합니다.
  지각 한도: 이 시간 이후부터는 고사실 입실이 금지되므로, 수험자는 이 점에 주의해야 합니다.

교시	과목	시험 시간	해답 시간	지각 한도
1교시 (오전)	일본어 과목	9:30 ~ 12:00 경	9:55 ~ 12:00 경 (약125분)	9:40
2교시 (오후)	이과 (이과)	1:30 ~ 3:00	1:40 ~ 3:00 (80분)	1:50
	종합과목(문과)			
3교시 (오후)	수학	3:40 ~ 5:10	3:50 ~ 5:10 (80분)	4:00

  ※ 이과, 종합과목, 수학 과목은 지각 한도 시간 10분 전부터 해답이 개시되므로, 수험자는 반드시 시험 시간(1:30/3:40)까지 입실을 완료해야 합니다.

학습 플랜

순서	학습일 / 정답 수	시험 시간과 체크 포인트
第 1 回 模擬テスト	월 일 / 38	시작 시간 : 시 분 / 종료 시간 : 시 분 * 체크 포인트 :
第 2 回 模擬テスト	월 일 / 38	시작 시간 : 시 분 / 종료 시간 : 시 분 * 체크 포인트 :
第 3 回 模擬テスト	월 일 / 38	시작 시간 : 시 분 / 종료 시간 : 시 분 * 체크 포인트 :
第 4 回 模擬テスト	월 일 / 38	시작 시간 : 시 분 / 종료 시간 : 시 분 * 체크 포인트 :
第 5 回 模擬テスト	월 일 / 38	시작 시간 : 시 분 / 종료 시간 : 시 분 * 체크 포인트 :
第 6 回 模擬テスト	월 일 / 38	시작 시간 : 시 분 / 종료 시간 : 시 분 * 체크 포인트 :
第 7 回 模擬テスト	월 일 / 38	시작 시간 : 시 분 / 종료 시간 : 시 분 * 체크 포인트 :
第 8 回 模擬テスト	월 일 / 38	시작 시간 : 시 분 / 종료 시간 : 시 분 * 체크 포인트 :
第 9 回 模擬テスト	월 일 / 38	시작 시간 : 시 분 / 종료 시간 : 시 분 * 체크 포인트 :
第 10 回 模擬テスト	월 일 / 38	시작 시간 : 시 분 / 종료 시간 : 시 분 * 체크 포인트 :

第1回 模擬テスト

総合科目

80分

問1　次の文章を読み，下の問い(1)〜(4)に答えなさい。

　₁1955年は，戦後日本の政治・経済における重要な転換点となった年である。経済面では，この年を起点として高度経済成長期に突入し，翌1956年発表の『経済白書』において「もはや戦後ではない」との画期的な宣言がなされた。

　高度経済成長期を通じて，日本人の₂生活様式や生活環境は劇的な変化を遂げた。しかしその一方で，深刻な公害問題の発生や，₃急速な農業人口の減少といった社会的矛盾も顕在化していった。

　この驚異的な経済成長は1970年代に入り，1971年の₄ドル・ショック(Nixon Shock)や1973年の第一次石油危機(First Oil Crisis)を契機として終焉を迎えることとなった。

(1)　下線部1に関し，1955年の日本の政治における出来事として最も適当なものを，次の①〜④の中から一つ選びなさい。　　　1

　①　自由党と社会党が合同して自由民主党が結成され，55年体制が確立した。
　②　日本社会党が結成され，共産党との二大政党制が確立した。
　③　日本民主党と共産党の合同により，社会主義政党の統一が実現した。
　④　社会党が左右統一して一つの政党となり，自由党と日本民主党も合同して保守合同が実現した。

(2) 下線部2に関し，1970年代まで日本で普及したものとして**適当ではないもの**を，次の①〜④の中から一つ選びなさい。　2

① 電子レンジ
② クーラー
③ カラーテレビ
④ 自家用車

(3) 下線部3に関し，農業人口の減少に対処するため，実施された政策として最も適当なものを，次の①〜④の中から一つ選びなさい。　3

① 農地改革を通じて地主制度を解体し，小作農が自分の土地を持つようにした。
② 農業基本法を制定し，農業の近代化が行われた。
③ 農産物の生産量を調整する減反政策を行った。
④ 米などを政府が管理する食料管理制度を実施することになった。

(4) 下線部4に関し，ドル・ショックに関する記述として最も適当なものを，次の①〜④の中から一つ選びなさい。　4

① アメリカ(USA)のニクソン(Nixon)大統領は，金の価格を引き上げ，変動相場制への移行を宣言した。
② アメリカのニクソン大統領は，ドルの切り下げを行い，金本位制への復帰を宣言した。
③ アメリカのニクソン大統領は，金の価格を引き下げ，ドルの価値を上昇させた。
④ アメリカのニクソン大統領は，金とドルの交換を一時停止し，その後スミソニアン体制による新たな固定相場制が成立した。

問2 次の会話を読み，下の問い(1)～(4)に答えなさい。

　G5はサミット(summit)とも言われ，1973年の₁第一次石油危機をきっかけに，当時の₂フランス(France)大統領ジスカールデスタン(Valéry Giscard d'Estaing)が提唱し，1975年にランブイエ城(Rambouillet)にて第一回の会議が開催された。その後，1976年に₃イタリア(Italy)が，1977年にカナダ(Canada)が加わり，現在のG7となった。

　近年は経済のみならず，安全保障，₄地球環境問題，テロ対策，感染症対策，デジタル化への対応なども重要な議題として論議されている。また，1997年にはロシアが参加してG8となっていたが，2014年以降はロシアの参加が停止され，再びG7となった。毎年持ち回りで議長国を務め，その国でサミットが開催される形式が続いており，各国首脳による直接対話を通じて，国際社会が直面する重要課題について協議が行われている。

(1) 下線部1に関して，第一次石油危機の前後に起きた出来事A～Dを年代順に並べたものとして正しいものを，次の①～④の中から一つ選びなさい。　5

　A：エジプト(Egypt)によるスエズ運河(Suez Canal)国有化
　B：イラン・イスラム共和国の成立
　C：第一次石油危機
　D：アラブ石油輸出国機構(OAPEC)の設立

　① A → D → C → B
　② A → C → B → D
　③ D → B → C → A
　④ D → C → A → B

(2) 下線部2に関して，フランスの大統領制度に関する記述として最も適当なものを，次の①〜④の中から一つ選びなさい。　6

① 第四共和制で確立された制度で，大統領の任期は7年である。
② 現行の第五共和制では，大統領は議会によって選出される。
③ 大統領は首相の任命権を持ち，首相と二重の執行権を形成する半大統領制である。
④ アメリカと同様の制度を採用しており，大統領が行政権の長である。

(3) 下線部3に関して，イタリアの首都の位置として最も適当なものを，次の①〜④の中から一つ選びなさい。　7

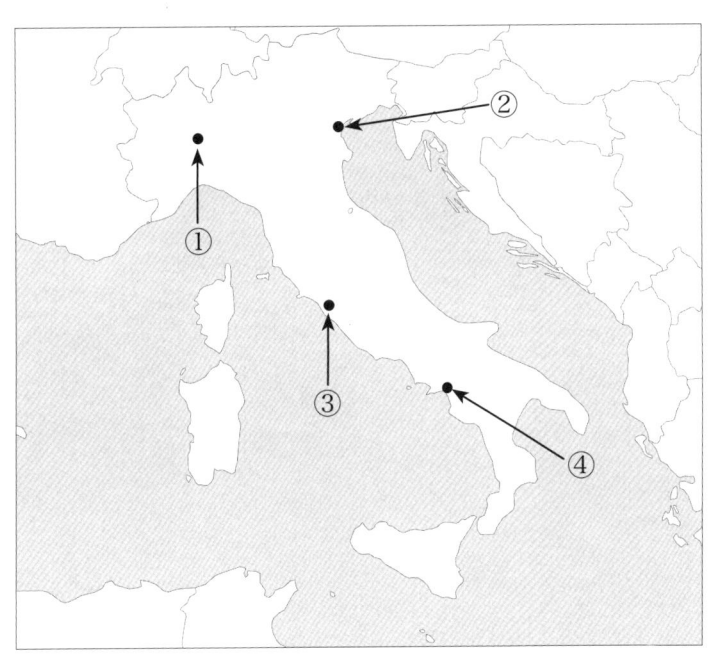

(4) 下線部4に関して，1992年の国連環境開発会議(地球サミット)に関する記述として最も適当なものを，次の①〜④の中から一つ選びなさい。　8

① 京都議定書(Kyoto Protocol)が採択され，温室効果ガスの具体的な削減目標が定められた。
② リオ宣言(Rio Declaration)とアジェンダ21が採択され，持続可能な開発という理念が示された。
③ 産業革命前を基準に気温上昇を2度未満に抑える目標が設定された。
④ 先進国のみ参加し，発展途上国は参加しなかった。

問3 ある電子機器について，市場全体の供給曲線は，次の実線Aで示されているものとする。今，供給者である製造業者に対して当該品の販売1単位当たりX円の環境税が課され，結果として，供給曲線が破線Bへとシフトしたとする。この場合の環境税がもたらすと予想される効果として最も適当なものを，下の①〜④の中から一つ選びなさい。なお，需要曲線の形状は，通常の右下がりのものとする。　9

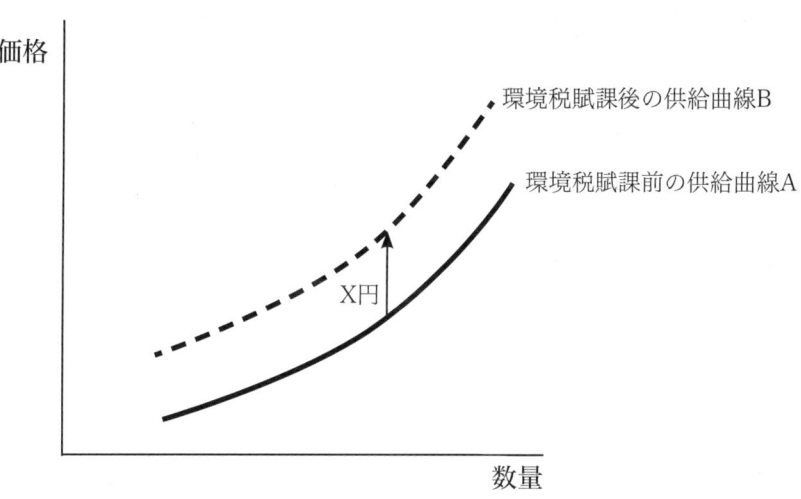

① 市場取引総額は環境税により増加する。

② 市場価格は環境税によりX円上昇する。

③ 商品の取引量は減少する。

④ 生産量は増加する。

問4 経済学者とその理論に関する記述として最も適当なものを，次の①〜④の中から一つ選びなさい。 10

① ケネー(François Quesnay)は，工業を唯一の生産的部門とみなし，需要と供給の均衡理論を用いて国際貿易の利益を説明した。

② マルクス(Karl Marx)は，自由市場経済における完全競争が最適な資源配分をもたらし，経済成長を促進すると主張した。

③ フリードマン(Milton Friedman)は，政府の積極的な財政政策と公共投資が経済の安定と成長をもたらすとするケインズ主義を支持した。

④ シュンペーター(Joseph Schumpeter)は，企業家による「新結合」が経済発展の原動力であるとする創造的破壊の概念を提示した。

問5 ある国の国際収支が次の場合，金融収支はいくらになるか。正しいものを，下の①〜④の中から一つ選びなさい。 11

経常収支	貿易・サービス収支	貿易収支	-150
		サービス収支	80
	第一次所得収支		180
	第二次所得収支		-10
資本移転等収支			-10
誤差脱漏			0

① -90

② -30

③ 30

④ 90

問6 景気動向指数は，景気に先行して変動する先行指数，景気とほぼ同時に変動する一致指数，景気に遅れて変動する遅行指数の三つに分類することができる。遅行指数の例として最も適当なものを，次の①〜④の中から一つ選びなさい。　12

① 新規求人数
② 完全失業率
③ 生産者物価指数
④ 機械受注額

問7 日本の金融に関する記述として**適当ではないもの**を，次の①〜④の中から一つ選びなさい。　13

① 日本銀行は，物価の安定を金融政策の主たる目的としている。
② マネーストックの構成要素のうち，現金通貨が最大の割合を占めている。
③ 日本銀行は，金融政策の手段として公開市場操作を行うことができる。
④ 量的緩和政策では，日本銀行が国債などを購入することで市中のマネーを増やす。

問8 1990年以降，日本の金融システムは大きく変化した。その変化に関する内容として最も適当なものを，次の①〜④の中から一つ選びなさい。　14

① 銀行の預金金利に制限が課された。
② 金融持株会社の設立が可能となった。
③ 外貨流出を防ぐため一般個人の外貨預金の取り扱いに制限が課された。
④ 銀行が破綻した際の預金保護制度が完全に撤廃された。

問9　関税と貿易に関する一般協定(GATT)に関する説明として**適当ではないもの**を、次の①〜④の中から一つ選びなさい。　15

① ケネディ・ラウンドなど多角的貿易交渉で関税削減を推進した。
② 輸出入の数量制限は原則として廃止する。
③ 加盟国は貿易不均衡の是正のため、原則的に輸出産業への補助金が認められている。
④ 最恵国待遇の原則により、加盟国間の無差別待遇を保障する。

問10　次の表は2022年における一人当たり国民総所得(GNI)の順位を表している。この表に関する記述として最も適当なものを、次の①〜④の中から一つ選びなさい。　16

	一人当たり国民総所得	万ドル
1位	モナコ	240,535
2位	リヒテンシュタイン	195,546
3位	ノルウェー	96,770
4位	スイス	95,490
5位	ルクセンブルク	89,200

『データブック・オブ・ザ・ワールド2025』より作成

注)モナコ(Monaco)、リヒテンシュタイン(Liechtenstein)、ノルウェー(Norway)、スイス(Switzerland)、ルクセンブルク(Luxembourg)

① 人口が多くなればなるほど一人当たり国民総所得は高い。
② 一人当たり国民総所得の順位は、その国の経済規模を表す国内総生産の順位と変わらない。
③ 第二次産業が盛んな国ほど、一人当たり国民総所得の順位が高い。
④ 一人当たり国民総所得の順位が高い国は主にヨーロッパ(Europe)の小国と産油国である。

問11 次の文章中の空欄 a と b の組み合わせとして最も適当なものを，次の①〜④の中から一つ選びなさい。　17

　国民所得は国民全体が得る所得の総額を表し，一国の経済規模が把握できる。国民所得はすべての経済活動を表すのではなく a は算入されない。また，国民総生産(GNP)とは，一国の経済主体が生産した財やサービスの総額から b を差し引いたものである。

	a	b
①	個人間の中古自動車の売買	付加価値
②	高齢者介護サービス費用	付加価値
③	個人間の中古自動車の売買	原材料と半製品の価格
④	高齢者介護サービス費用	原材料と半製品の価格

問12 欧州連合(EU)は1999年から共通通貨であるユーロを使用している。2025年現在，ユーロを使用する国を，図の①〜④の中から一つ選びなさい。　18

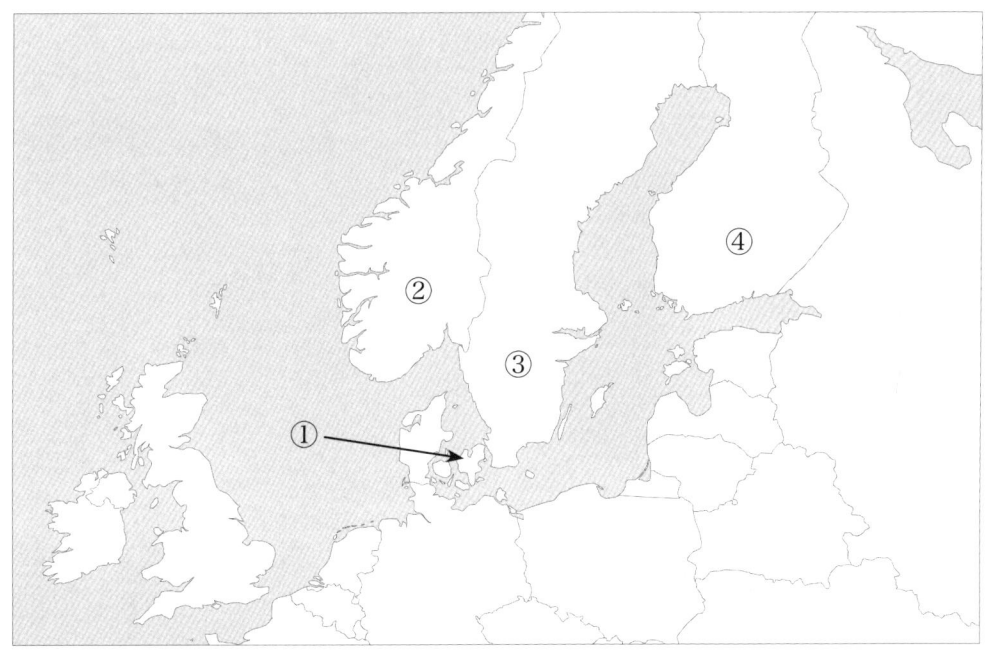

問13 次の文章中の空欄 a , b に当てはまる国の組み合わせとして最も適当なものを，次の①〜④の中から一つ選びなさい。　19

ペルシア湾(Persian Gulf)は， a とアラビア半島(the Arabian Peninsula)に囲まれた湾であり，アラビア湾ともいう。南東部の b を経てアラビア海に通じる。沿岸には石油の埋蔵量が多く，海底油田の開発が盛んである。世界の石油供給地の一つである。

	a	b
①	イラン	ジブラルタル海峡
②	トルコ	ホルムズ海峡
③	トルコ	ジブラルタル海峡
④	イラン	ホルムズ海峡

注)ジブラルタル海峡(Strait of Gibraltar)

　　ホルムズ海峡(Strait of Hormuz)

問14 次の図は地球における大気の大循環を表している。正しいものを，次の①〜④の中から一つ選びなさい。 20

①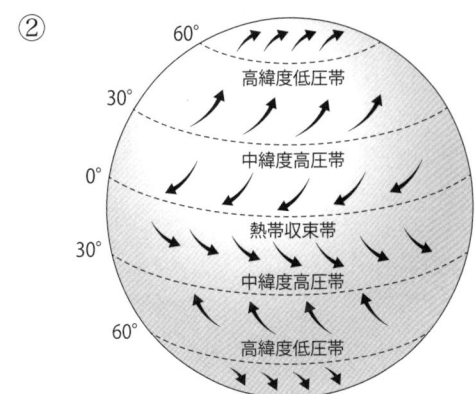

②

③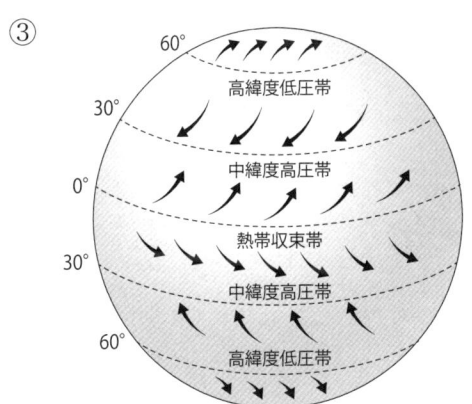

④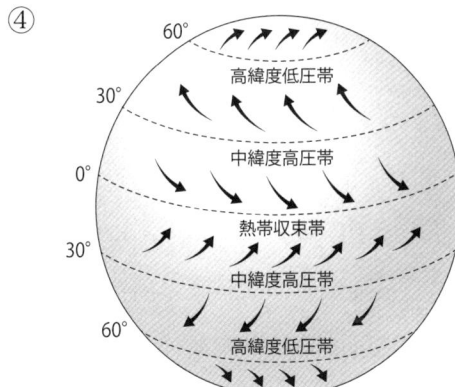

問15 次の三角図はA国における産業別就業人口の構成比(%)を示したものである。A国の構成比がX点である場合，この図から読み取れる内容として最も適当なものを，次の①〜④の中から一つ選びなさい。　　21

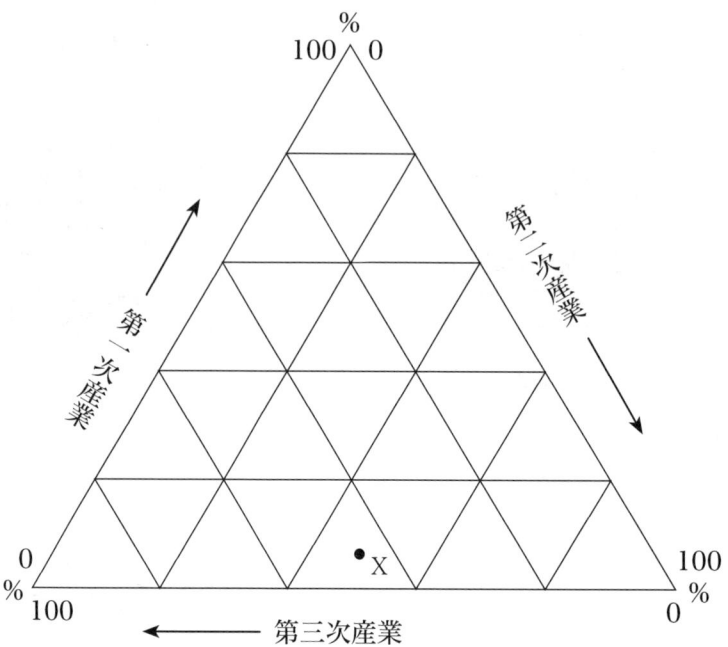

① A国の第一次産業の割合は20％に達していない。

② A国の第二次産業の割合は90％に近い。

③ A国の第三次産業の割合は80％に達する。

④ A国の経済が発展するとX地点は左上に移動する。

問16 次のグラフは2023年における原子力発電所の設備容量を示している。Aに当てはまる国を，次の①〜④の中から一つ選びなさい。 22

	運転中		建設・計画中		合計	
	千kW	基	千kW	基	千kW	基
アメリカ合衆国	98,420	92	2,500	2	100,920	94
A	64,040	56	1,650	1	65,690	57
中国	55,596	53	50,596	47	106,192	100
日本	33,083	33	15,723	11	48,806	44

日本原子力産業協会「世界の原子力発電開発の動向」より作成

① インド(India)

② スウェーデン(Sweden)

③ フランス

④ イギリス(UK)

問17 次の表は2021年におけるEU・ASEAN・USMCA・MERCOSURの面積・人口・名目GDP・貿易額などを表している。Cに当てはまる経済地域の構成国として最も適当なものを，次の①〜④の一つ選びなさい。 23

地域	面積 (千km²)	人口 (百万人)	名目GDP (億ドル)	貿易額(億ドル)	
				輸出	輸入
A	4,487	674	33,403	17,241	16,212
B	4,132	445	171,778	66,471	65,083
C	21,783	502	265,763	27,567	39,618
D	13,915	310	23,482	3,934	3,390

『日本国勢図絵24/25』より作成

① イギリス
② ドイツ(Germany)
③ シンガポール(Singapore)
④ カナダ(Canada)

問18 次の表は2022年のスリランカ(Sri Lanka)・パキスタン(Pakistan)・ボツワナ(Botswana)・モンゴル(Mongol)における輸出品目の割合を示している。A～Dの国名の組み合わせとして適当なものを，次の①～④の中から一つ選びなさい。 24

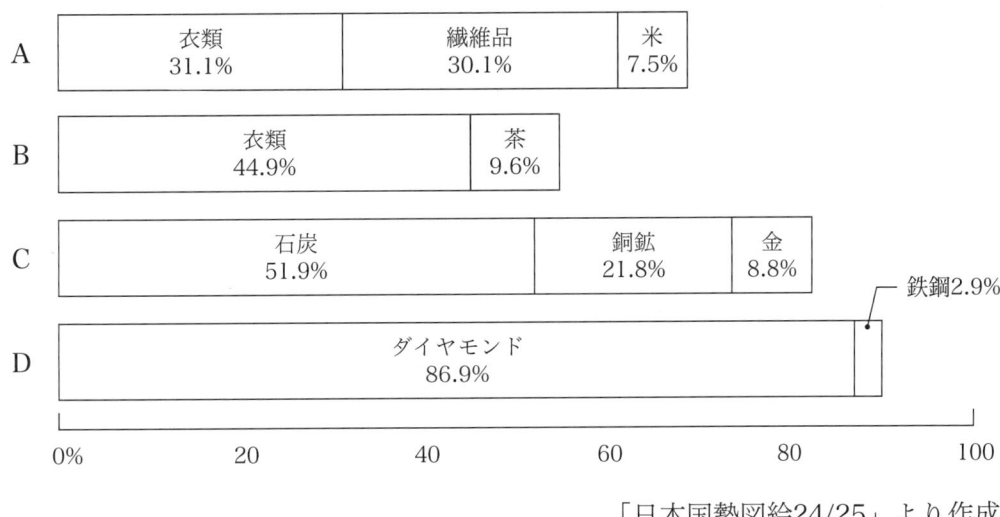

「日本国勢図絵24/25」より作成

	A	B	C	D
①	モンゴル	パキスタン	スリランカ	ボツワナ
②	パキスタン	ボツワナ	モンゴル	スリランカ
③	モンゴル	スリランカ	ボツワナ	パキスタン
④	パキスタン	スリランカ	モンゴル	ボツワナ

問19 フランスの思想家ルソー(Jean-Jacques Rousseau)が唱えた政治思想に関する記述として最も適当なものを，次の①～④の中から一つ選びなさい。 25

① 主権は人民全体の一般意思に基づいて行使されるべきであると説いた。
② 政府の権力は自然状態における個人の権利を保護するために信託されたものであると主張した。
③ 民主政の問題点として多数者による専制に陥る危険性を指摘した。
④ 法律に基づけば個人の自由は完全に制限可能であるという法治主義を主張した。

問20 日本の地方自治制度では，住民による直接請求権が保障されている。これに関する記述として最も適当なものを，次の①～④の中から一つ選びなさい。 26

① 住民による解職請求を行うためには，事前に選挙管理委員会の許可が必要である。
② 都道府県知事及び市区町村長も，住民による解職請求の対象となる。
③ 地方議会の解散を求める請求は，都道府県知事を通じて行う。
④ 当該地方公共団体の区域内に住所を有する者であれば，18歳未満であっても直接請求を行うことができる。

問21　次は国民主権の発展における出来事を表している。A～Cを年代順に並べたものとして正しいものを，次の①～④の中から一つ選びなさい。　27

A：「人民の，人民による，人民のための政治」という言葉で有名なゲティスバーグ演説(Gettysburg Address)が行われた。

B：全ての権力は人民に存するとされた『ヴァージニア権利章典(Virginia Declaration of Rights)』が採択された。

C：フランス『人権宣言』であらゆる主権は，本質的に国民に存するとした。

① A → C → B
② B → C → A
③ C → B → A
④ C → A → B

問22　日本の司法制度に関する記述として**適当ではないもの**を，次の①～④の中から一つ選びなさい。　28

① 法律の合憲性を審査することは，最高裁判所のみが持つ固有の権限である。
② 最高裁判所の裁判官は，内閣により任命され，国民審査の対象となる。
③ 下級裁判所の裁判官は，最高裁判所の指名に基づいて内閣が任命する。
④ 高等裁判所は，地方裁判所の第一審判決に対する控訴審を担当する。

問23 日本の衆議院議員総選挙で採用されている小選挙区比例代表並立制に関する記述として最も適当なものを，次の①〜④の中から一つ選びなさい。　29

① 2000年以降の政治改革によって，それまでの中選挙区制度から現行の制度に移行した。
② 比例代表選挙は，全国を単一の選挙区として実施されている。
③ 小選挙区で落選した候補者は，比例代表名簿に登載されている場合，その名簿順位と小選挙区での得票率に基づいて復活当選することができる。
④ 小選挙区選挙での政党の得票率に基づいて，比例代表選挙の議席配分が決められる。

問24 アメリカの大統領制に関する記述として最も適当なものを，次の①〜④の中から一つ選びなさい。　30

① ある法案の議決が上院と下院で異なった場合，大統領の署名によってその法案を立法化することができる。
② 大統領は議会に対して法案を提出することはできないが，一般教書演説を通じて立法方針を示すことができる。
③ 大統領の拒否権は，上院で過半数の賛成があれば覆すことができる。
④ 大統領は各州の代議員による投票で選ばれ，連続三選は禁止されているが，法的な制限はない。

問25 湾岸戦争を機に，日本の国際協力のあり方が見直されることとなった。この背景のもと，宮沢喜一内閣が1992年に制定した自衛隊の海外派遣に関する法律として正しいものを，次の①〜④の中から一つ選びなさい。 31

① テロ対策特別措置法
② 国際平和協力法(PKO協力法)
③ 武力攻撃事態対処法
④ イラク復興特別措置法

問26 冷戦時，安全保障理事会における拒否権行使の問題から，国連総会では「平和のための結集」決議が採択されたことがある。この決議の直接的な契機となった出来事として最も適当なものを，次の①〜④の中から一つ選びなさい。 32

① 朝鮮戦争
② ベトナム戦争(Vietnam War)
③ キューバ危機(Cuban Missile Crisis)
④ 第一次中東戦争(First Arab-Israeli War)

問27 次の文章を読み，文章中の空欄 a に当てはまる事項として最も適当なものを，下の①〜④の中から一つ選びなさい。　33

　1894年，朝鮮半島の支配権を巡って日清戦争が勃発した。日本軍の勝利により1895年に a が締結され，台湾・澎湖諸島が日本に割譲された。これにより，東アジアにおける日本の影響力が拡大し，列強の一員としての地位を確立することとなった。

① 天津条約(Treaty of Tientsin)
② 下関条約(Treaty of Shimonoseki)
③ ポーツマス条約(Treaty of Portsmouth)
④ 南京条約(Treaty of Nanking)

問28 第一次世界大戦から第二次世界大戦にかけてのインドにおける独立運動に関する記述として最も適当なものを，次の①〜④の中から一つ選びなさい。　34

① ネルー(Jawaharlal Nehru)は独立後，非同盟主義を掲げ，平和五原則に基づく外交政策を展開した。
② ガンディー(Mahatma Gandhi)は非暴力・不服従運動を展開し，イギリスの植民地支配に対抗した。
③ イギリスはインド統治法を制定し，州における自治権を部分的に認めた。
④ イギリスは宗教的対立を理由に，インドとパキスタンへの分割を決定した。

問29 フランス革命前のフランス社会に関する記述として最も適当なものを，次の①～④の中から一つ選びなさい。　35

① 聖職者と貴族は租税の特権を持ち，国家財政の負担は第三身分に集中していた。
② 議会によって，国王の権限が制限されていた。
③ ドイツとの戦争に敗れ，国家財政が逼迫していた。
④ 第三身分は人口の50%を占めていたにもかかわらず，三部会での投票権はなかった。

問30 1888年に即位したドイツ皇帝ヴィルヘルム2世(Wilhelm II)の政策に関する記述として最も適当なものを，次の①～④の中から一つ選びなさい。　36

① ビスマルク(Otto von Bismarck)の勢力均衡外交を継承し，ロシアとの同盟を維持しながら世界強国としての地位を追求した。
② 三国協商に対抗するため，オーストリア＝ハンガリー(Austro-Hungarian Empire)との同盟関係を解消し，新たにフランスとの和解を図った。
③ 世界政策(Weltpolitik)を推進し，バグダード(Baghdad)鉄道敷設権の獲得やモロッコ(Morocco)進出を図ったため，イギリスとの海軍軍備競争を激化させた。
④ アフリカ(Africa)分割において，列強諸国との協調を重視し，植民地獲得競争への参加を控えた。

問31 戦後の日本における連合国軍最高司令官総司令部(GHQ/SCAP)の占領統治に関する記述として最も適当なものを，次の①〜④の中から一つ選なさい。　37

① マッカーサー(Douglas MacArthur)のもと，日本政府への指令と勧告による間接統治方式を採用し，天皇制を存続させながら民主化改革を推進した。

② 連合国軍最高司令官は日本の首相を兼任して直接統治を行い，占領政策を実施した。

③ 占領下では，共産主義の影響を警戒して政党政治が厳しく制限され，主要な政党は解散を余儀なくされた。

④ 日本の占領統治は，日本が国際連合に加盟する1956年まで継続し，その後完全な主権を回復した。

問32 1930年代末から1940年代前半にかけてのヨーロッパにおける次の出来事A〜Dを年代順に並べたものとして正しいものを，下の①〜④の中から一つ選びなさい。　38

A：スターリングラードの戦い(Battle of Stalingrad)
B：ドイツによるポーランド侵攻(German invasion of Poland)
C：ドイツによるオーストリア併合(Anschluss of Austria)
D：独ソ不可侵条約(Treaty of Non-aggression between Germany and the Soviet Union)の締結

① A → B → C → D
② B → D → C → A
③ C → D → B → A
④ D → C → B → A

第2回

模擬テスト

総合科目

80分

問1　次の文章を読み，下の問(1)～(4)に答えなさい。

　　1991年，₁ソ連 (USSR)の崩壊に伴って15か国が独立を果たした。そのうち，バルト三国(Baltic States)を除く12か国によって₂独立国家共同体(CIS)が結成された。ソ連の解体に際して，最も問題となったのは₃核問題であった。特にアメリカ(USA)はソ連が保有した核が各国に分散されることを警戒したのである。同年の12月，アルマ・アタ(Alma-Ata)宣言で旧ソ連の核兵器はすべてロシア(Russia)が継承することで合意し，代わりにロシアは領土問題で譲歩することになり，ウクライナ(Ukraine)の₄クリミア半島(Crimean Peninsula)領有を認めた。

(1) 下線部1に関し，ソ連の崩壊は冷戦の完全な終わりを意味するものであったが，冷戦の終結に至る出来事を年代順に並べたものを，次の①～④の中から一つ選びなさい。　1

　　A：ミハイル・ゴルバチョフのソ連書記長就任
　　B：ベルリン(Berlin)の壁崩壊
　　C：マルタ会談(Malta Summit)開催

　　注)ミハイル・ゴルバチョフ(Mikhail Sergeevich Gorbachev)

　　① A → B → C
　　② A → C → B
　　③ B → A → C
　　④ B → C → A

(2) 下線部2に関して，独立国家共同体の**加盟国ではないもの**を，次の①〜④の中から一つ選びなさい。

2

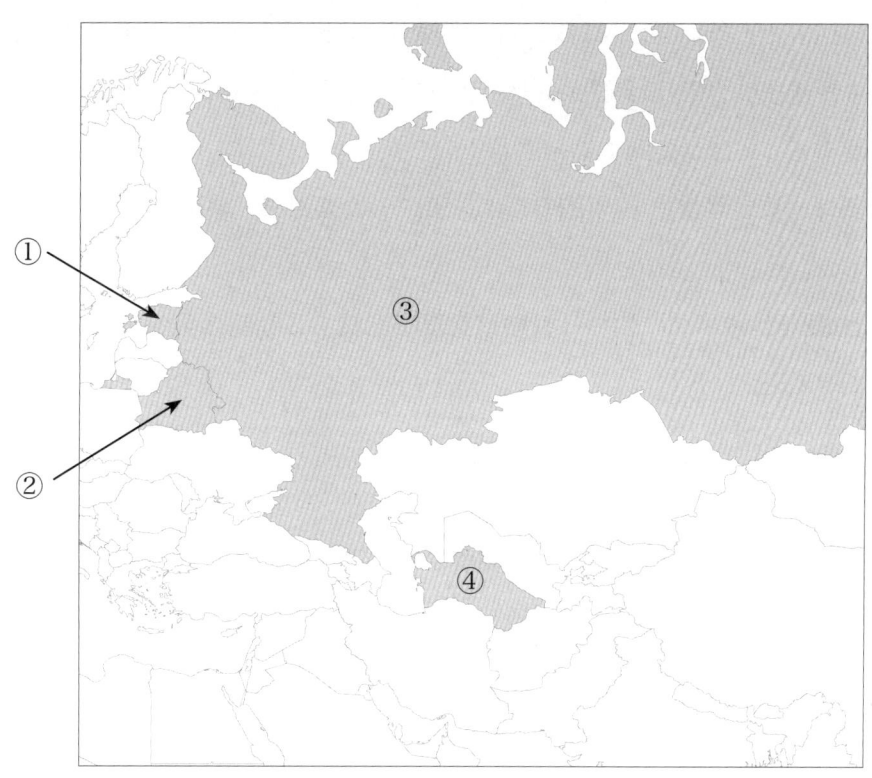

(3) 下線部3に関し，核軍縮にかかわる国際的取り組みの内容として最も適当なものを，次の①～④の中から一つ選びなさい。　3

① 核拡散防止条約(NPT)は核兵器の非保有国の原子力利用を禁止している。
② 中距離核戦力(INF)全廃条約は，キューバ危機(Cuban Missile Crisis)直後にその反省として米ソの間で締結された。
③ 部分的核実験禁止条約(PTBT)は，水中・大気圏内・地下における核実験を禁止した。
④ 1982年から米ソの間では戦略核兵器を削減する戦略兵器削減交渉(START)が開始された。

(4) 下線部4に関し，クリミア半島で開催され，第二次世界大戦（WWⅡ）の連合国首脳が集結し，以下の内容について話し合われた会談を，次の①～④の中から一つ選びなさい。　4

・国際連合の投票方式の決定
・ドイツの分割統治
・東ヨーロッパの戦後処理

① ベルサイユ講和会議(Versailles Peace Conference)
② ヤルタ会談(Yalta Conference)
③ テヘラン会談(Tehran Conference)
④ カイロ会談(Cairo Conference)

問2 次の文章を読み，下の問い(1)～(4)に答えなさい。

　　2023年，₁ドイツは2011年の「福島第1原発事故」をうけて進めてきた「脱原発」が完了した。原子力発電は₂二酸化炭素(CO_2)の排出がほぼ無いことと，効率的に₃エネルギーの生産が可能であることが特徴だが，ドイツは欧州各国に広がるエネルギー網を使った電力融通が可能であるため，2011年に段階的停止を宣言していた。また₄イタリア(Italy)も運転中の原子力発電所がなく，国民投票により導入計画の中止を決定したため，建設中や計画中の原子力発電所もない。

(1) 下線部1に関し，ドイツの経済に関する記述として最も適当なものを，次の①～④の中から一つ選びなさい。　　　　　　　　　　　　　　　5

　① 製造業を中心とする産業構造から，就業労働者のうち第二次産業で働く割合が最も高い。
　② ドイツ統一直後の1990年代は実質経済成長率がアメリカより高かった。
　③ 機械類や自動車などを中心に輸出額が日本を上回っている。
　④ ヨーロッパ連合(EU)の構成国でありながら，ユーロは使用しない方針を続けている。

（2）下線部２に関し，次のA〜Dは2021年におけるアメリカ(USA)・中国(China)・インド(India)・日本の二酸化炭素の排出量と一人当たり二酸化炭素の排出量を示している。日本に当てはまるものを，次の①〜④の中から一つ選びなさい。 6

(単位：CO_2-百万トン)

	排出量合計	一人当たり排出量
A	10648.5	7.54
B	4549.3	13.76
C	2279.0	1.62
D	998.1	7.95

『データブック・オブ・ザ・ワールド2025』より作成

① A
② B
③ C
④ D

（3） 下線部3に関し，次は2022年におけるブラジル(Brazil)・スウェーデン(sweden)・サウジアラビア(Saudi Arabia)・イギリス(UK)の発電電力量の構成を示している。ブラジルに当てはまるものを，次の①〜④の中から一つ選びなさい。　7

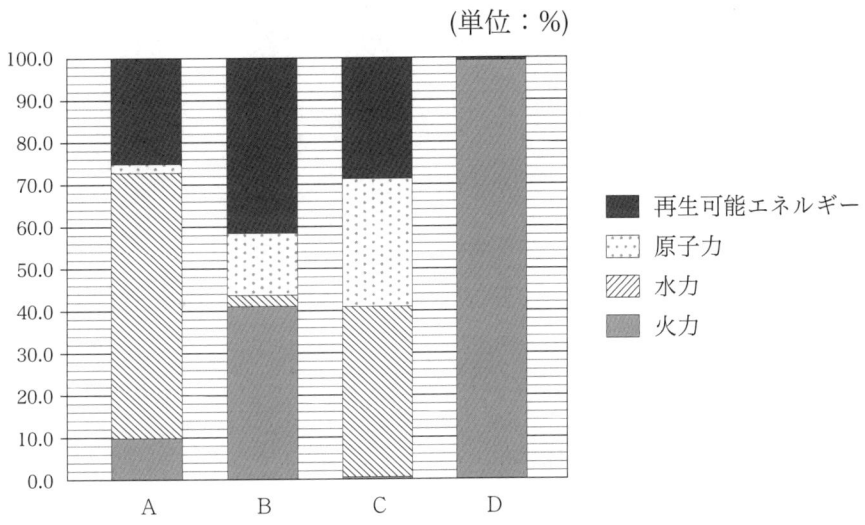

① A
② B
③ C
④ D

(4) 下線部4に関して，次の表は2023年におけるイタリアの輸出品の順位を示している。aとbに入る品目の組み合わせとして最も適当なものを，次の①～④の中から一つ選びなさい。　8

1位	機械類
2位	医薬品
3位	a
4位	b
5位	鉄鋼

『データブック・オブ・ザ・ワールド2025』より作成

	a	b
①	精密機械	パーム油
②	自動車	衣類
③	野菜と果実	航空機
④	石炭	金属製品

問3 次のグラフはある商品の需要供給曲線を示している。このグラフに関する記述として最も適当なものを，次の①〜④の中から一つ選びなさい。 | 9 |

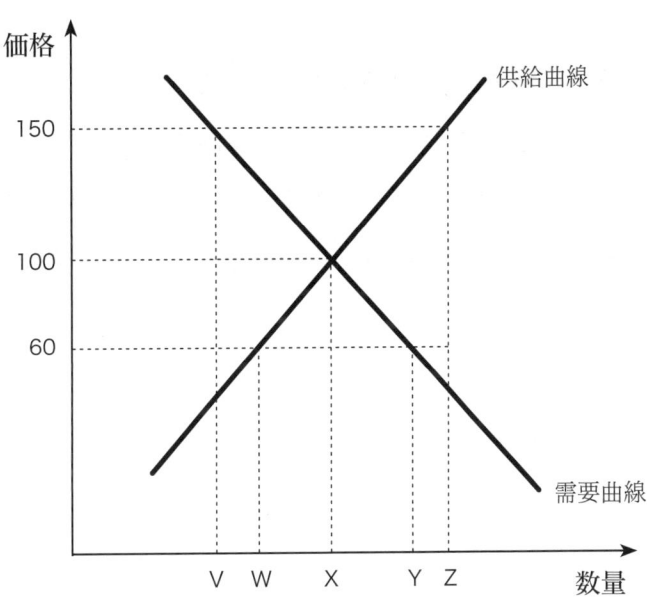

① 価格が150の時，供給量はVであるため，需要超過となる。

② 価格が100の時，最適な資源配分が行われるため，政府はその価格を維持しようとする。

③ 価格が60の時，Y-Wだけ供給不足が生じる。

④ 価格が60の時，社会的余剰が最大になる。

問4　江戸幕府末期には金と銀の交換比率が日本では1:5で外国では1:15であった。この状況で起きた現象として最も適当なものを，次①～④の中から一つ選びなさい。

10

日本では銀貨5枚で金貨1枚と交換できるが，外国では金貨1枚手に入れるのに銀貨が15枚も必要になる。外国商人からすれば本国で銀貨15枚を使っても金貨は1枚しか手に入れることができないが，日本で交換すれば金貨を A 枚も手に入れることができる。そして，それを本国に戻って交換すれば銀貨は B 枚になる。

	A	B
①	3	15
②	3	45
③	5	15
④	5	45

問5 次の比較生産費説に関する文章中の空欄 a に当てはまる内容として正しいものを，次の①〜④の中から一つ選びなさい。 11

A,B各国の工業製品と農産品をそれぞれ1単位生産するのに必要な労働者数を表す(各国の労働者は，この二つの産業で全員雇用される)。ここで農産品の生産をA国が1単位減らし，B国が1単位増やすとすると生産量の両国合計は農産品では変化がなく，工業製品においては a する。

	工業製品	農産品
A国	2人	4人
B国	12人	6人

① 0.5単位増加
② 0.5単位減少
③ 1.5単位増加
④ 1.5単位減少

問6　経済不況を脱出するためには，金融政策や，赤字財政をいとわない公共投資などによって国家が積極的に経済に介入して有効需要を創出し，完全雇用を目指すべきであると主張した学者を，次の①〜④の中から一つ選びなさい。　12

①　フリードマン(Milton Friedman)
②　シュンペーター(Joseph Alois Schumpeter)
③　F.ルーズベルト(Roosevelt)
④　ケインズ(J.M.Keynes)

問7　1971年，アメリカのニクソン(Richard Nixon)大統領はドルと金の交換を停止することを宣言した。その宣言の背景となった当時のアメリカ経済状況に関する記述として最も適当なものを，次の①〜④の中から一つ選びなさい。　13

①　石油危機によるスタグフレーションに悩まされていた。
②　アメリカが保有する金が底をつき，交換することができない状態であった。
③　米ドルの信頼が低下し，米ドルを金に交換する動きが相次いだ。
④　ドル安に基づき，大幅な経常収支の黒字を記録していた。

問8 次の表はある国における2023年と2024年の名目GDPとGDPデフレーターを示している。この国の2024年の実質経済成長率として正しいものを，次の①～④の中から一つ選びなさい。 14

	名目GDP	GDPデフレーター
2023年	500兆円	100
2024年	504兆円	96

① 0％
② 5％
③ 8％
④ 10％

問9 次の文章中の空欄 A と B に当てはまる語の組み合わせを，次の①～④の中から一つ選びなさい。 15

中央銀行は好況時に A を減らすため，有価証券を B ，市場から資金を吸収する。

	A	B
①	貯金額	買い
②	貯金額	売り
③	マネーストック	売り
④	マネーストック	買い

問10 次のグラフは日本における一般会計歳入の主要科目別推移を示している。Aに当てはまる項目として最も適当なものを，次の①〜④の中から一つ選びなさい。

16

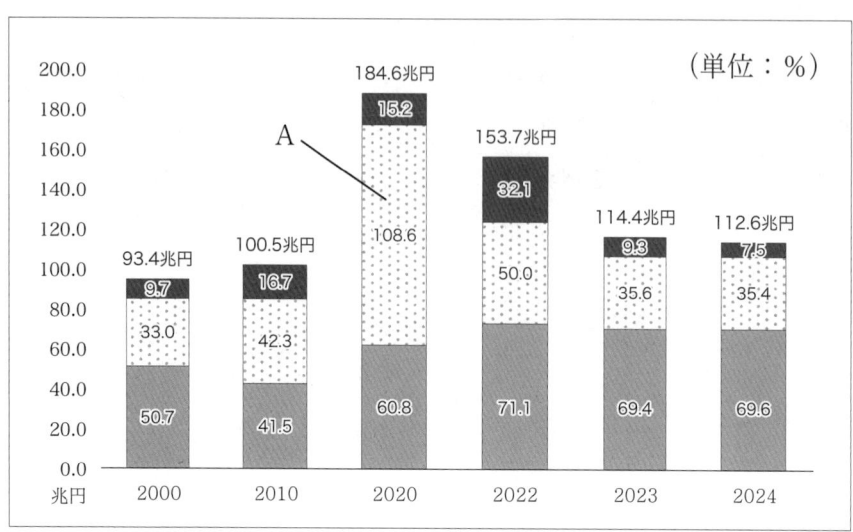

財務省『財政統計』などより作成

① 公債金収入
② 印紙収入
③ 消費税収入
④ 法人税収入

問11　円高になる原因として最も適当なものを，次の①～④の中から一つ選びなさい。

17

① 日本の貿易収支が赤字に転じた。
② 外国から日本への直接投資が減少した。
③ 日本企業が海外で得た収益を国内に持ち帰る動きが活発化した。
④ 日本からの海外旅行者が大幅に増加した。

問12　次のグラフは2021年における日本・アメリカ・スウェーデン・ドイツにおける国民負担率と高齢化率を示したものである。ドイツに該当するものを，次の①～④の中から一つ選びなさい。

18

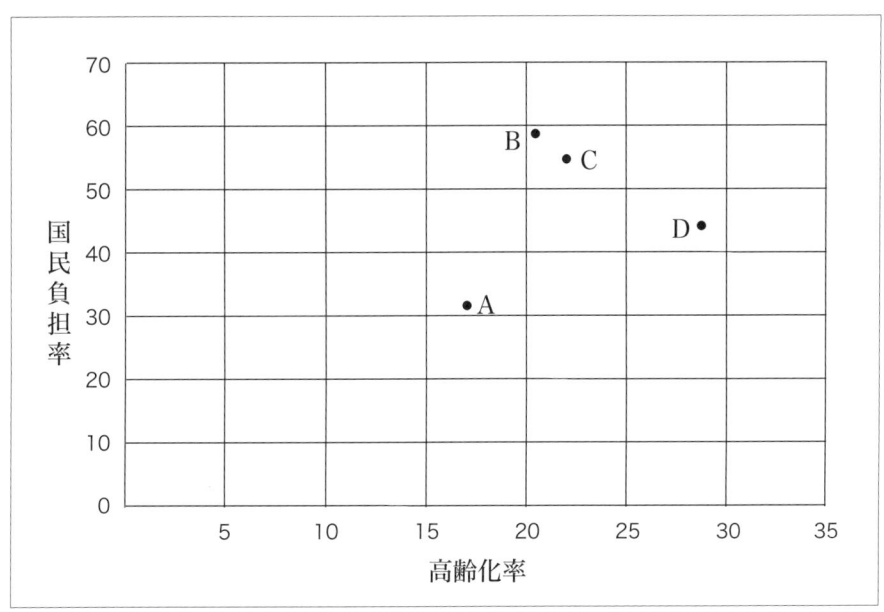

『データブック・オブ・ザ・ワールド2022』より作成

① A
② B
③ C
④ D

問13 国際社会の環境問題に対する取り組みとして最も適当なものを，次の①～④の中から一つ選びなさい。　19

① 1992年の地球サミットでは地球上の生物の多様性を包括的に保全することを目的とした「生物多様性条約」が採択された。
② 1971年に採択されたラムサール条約(Ramsar Convention)はオゾン層を破壊する物質を指定した上で規制することを定めた。
③ 京都会議ではアメリカや中国を含む経済大国を中心に温室効果ガスを削減する合意が行われた。
④ 2015年のパリ協定(Paris Agreement)では地球温暖化の対策として温室効果ガスの排出権取引制度が初めて採用されることとなった。

問14 欧州連合(EU)は，1967年に発足した欧州共同体(EC)や1952年に発足したヨーロッパ石炭鉄鋼共同体(ECSC)が前身である。これらの**原加盟国ではないもの**を，図の①〜④の一つ選びなさい。 20

問15 次の地図は，メルカトル図法で描かれたものである。東京とワシントンD.C.(Washington, D.C.)の最短距離として最も適当なものを，次の①〜④の中から一つ選びなさい。　21

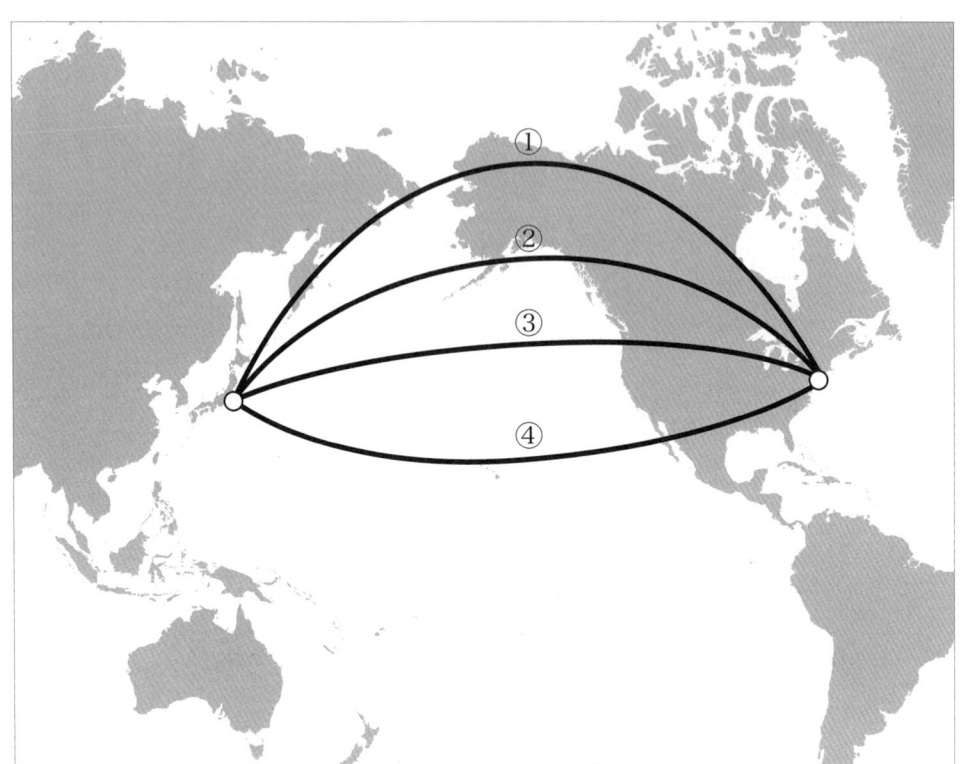

問16 次の表は2023年における日本の貿易関係を示したものである。また、表中のA〜Dはアメリカ・ベトナム(Vietnam)・オーストラリア・シンガポールいずれかの国家である。オーストラリアに当てはまるものを、次の①〜④の中から一つ選びなさい。 22

(単位：億円)

	日本からの輸出	日本への輸入	輸出-輸入
A	202,603	115,465	87,138
B	26,312	12,081	14,231
C	24,171	36,255	−12,084
D	23,559	90,916	−67,357

『データブック・オブ・ザ・ワールド2025』より作成

① A
② B
③ C
④ D

問17 ジョ先生は東京から11時間飛行し，5月3日午前7時にニューヨークに到着した。東京からの出発時間は何時か，次の①〜④の中から一つ選びなさい。(東京の緯度は東経139度，ニューヨークの緯度は西経73度である) 　23

① 5月2日午前4時
② 5月2日午前10時
③ 5月3日午前4時
④ 5月3日午前10時

問18 世界各国の言語に関する説明として，**適当ではないもの**を，次の①〜④の中から一つ選びなさい。　24

① ヒンディー語(Hindi)とベンガル語(Bengali)は，南アジア(South Asia)で主に使用されている。
② スペイン語(Spanish)は植民地の歴史からの影響で大陸別にみるとアフリカ(Africa)での使用が最も多い。
③ カナダ(Canada)は英語(English)とフランス語(French)を公用語として使用している。
④ アラビア語(Arabic)は，西アジア(West Asia)や北アフリカ(North Africa)で主に使用されている。

問19 次のグラフはある都市における月平均気温と降水量を示したものである。この都市とはどこか。正しいものを，次の①～④の中から一つ選びなさい。　25

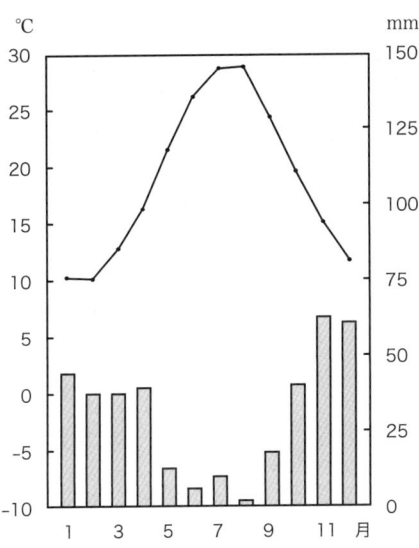

『気象庁のホームページ』より作成

① アテネ(Athens)

② ロンドン(London)

③ パリ(Paris)

④ ウィーン(Vienna)

問20　1925年，日本では普通選挙法が成立するとともに，治安維持法が制定された。治安維持法に関する記述として最も適当なものを，次の①〜④の中から選びなさい。　26

① 国家の社会秩序を維持するために，警察組織を再編した。
② 共産主義思想の波及と共産主義者の政界進出を防ごうとした。
③ 軍国主義者の追放や，活動を監視することが含まれていた。
④ 居住・移動の自由など経済的自由が制限された。

問21　「地方自治の本旨」に基づき，団体自治は，地方公共団体(地方自治体)の自主性・自立性などを認めている。地方公共団体が持つ権利として**適当ではないもの**を，次の①〜④の中から一つ選びなさい。　27

① 自主財政権
② 自主行政権
③ 自主立法権
④ 自主司法権

問22 近年，議会が行政監督の役割を十分に果たせなくなっている理由として最も適当なものを，次の①～④の中から一つ選びなさい。 28

① 行政の活動が高度に専門化していることにより，議会による実質的な監視が困難になっているため
② 行政機関が法的権限において議会よりも優越的地位を確立しているため
③ 行政官僚は定年まで身分が保障されており，議会からの監視に対して独立性を保持しているため
④ 行政の主要役職ポストは議会による選出に基づいており，相互依存関係が監視機能を弱めているため

問23 日本国憲法に規定されている日本の内閣の権限として最も適当なものを，次の①～④の中から一つ選びなさい。 29

① 最高裁判所の判決の見直し
② 臨時国会の召集
③ 憲法改正の発議
④ 弾劾裁判所の設置

問24 日本国憲法において公共の福祉に反しない限り，保障される自由として最も適当なものを，次の①～④の中から一つ選びなさい。 30

① 思想.良心の自由
② 職業選択の自由
③ 学問の自由
④ 信教の自由

問25 日本の裁判所がもつ違憲立法審査権に関する記述として**適当ではないもの**を，次の①～④の中から一つ選びなさい。　31

① 最高裁判所だけでなくすべての裁判所が有している。
② 具体的な事件に伴って審査されることとなっている。
③ 審査対象は法律に限られている。
④ 裁判所は違憲判決を下しても法律を改正する権限は持たない。

問26 第一次世界大戦(WWI)後にはいくつかの新しい独立国家が生まれた。この時期に独立した国として最も適当なものを，次の①～④から一つ選びなさい。　32

① ハンガリー(Hungary)
② インド
③ メキシコ(Mexico)
④ ギリシア(Greece)

問27 国際連合(UN)の意思決定方に関する記述として最も適当なものを，次の①～④の中から一つ選びなさい。　33

① 総会ではすべての国家に1票ずつ与えられるが，重要事項に関しては常任理事国のみ投票権が与えられる。
② 総会ではすべての国家に1票が与えられるが，常任理事国には拒否権が付与されている。
③ 安全保障理事会では常任理事国と非常任理事国が1票ずつ与えられ，常任理事国のみ拒否権が与えられている。
④ 安全保障理事会では理事国が全会一致した場合のみ可決となる。

問28 1920年代の国際情勢および各国の情勢に関する記述として最も適当なものを，次の①〜④の中から一つ選びなさい。　34

① ベルサイユ条約で定められたラインラント(Rhineland)の非武装を再確認する条約が調印された。
② イギリスとフランスは協商を締結し，モロッコ(Morocco)とエジプト(Egypt)の権益をそれぞれ認めあった。
③ ドイツで社会民主党が支持を失い，ナチス(Nazis)と共産党の支持が上がった。
④ イギリスはインドにおいてベンガル分割令(Partition of Bengal)を発布し，ナショナリズムを抑圧しようとした。

問29 東西対立による軍拡競争の時代において，核戦争による人類絶滅の危機を訴えて反核・平和運動を主導し，1995年にノーベル平和賞を受賞した団体はどれか，次の①〜④から一つ選びなさい。　35

① 赤十字国際委員会
② 国際連合
③ パグウォッシュ会議
④ 国際原子力機関(IAEA)

問30 1985年，ソ連の書記長として就任したゴルバチョフ(Mikhail Gorbachev)が実施した政策として**適当ではないもの**を，次の①〜④の中から一つ選びなさい。　36

① 複数政党制の導入
② アフガニスタン侵攻
③ 核軍縮の推進
④ 市場経済の導入

問31 次のA～Dは19世紀末から20世紀にかけておきた出来事である。A～Dを年代順に並べたものとして正しいものを，下の①～④の中から一つ選びなさい。 37

　　A：ヴィルヘルム(Wilhelm)二世の退位
　　B：サラエボ(Sarajevo)事件の発生
　　C：ワイマール憲法(Weimar Constitution)の公布
　　D：ドイツ・オーストリア(Austria)・イタリアによる三国同盟の成立

① B → D → A → C
② B → A → C → D
③ D → A → B → C
④ D → B → A → C

問32 ウェストミンスター憲章(Westminster Statute)は，1931年に制定された英国の法律で，イギリス連邦諸国(当時の自治領)に立法上の自治権を与えたものである。これにより，自治領諸国は，イギリス議会の承認なしに自国の法律を制定・改正できるようになった。当時，イギリス自治領として認められていた地域として正しいものを，次の①～④の中から一つ選びなさい。 38

① アメリカ
② ニュージーランド(New Zealand)
③ ブラジル(Brazil)
④ 中国

第3回

模擬テスト

総合科目

80分

問1 次の文章を読み，下の問(1)～(4)に答えなさい。

　1914年に勃発した第一次世界大戦(WWI)は全世界の大国が巻き込まれた戦争である。戦争は連合国と同盟国の両陣営の間で行われ，それぞれの陣営で参戦国が拡大していった。その過程で₁日本も連合国の一員として参戦することとなった。戦争は₂オーストリア＝ハンガリー帝国(Austria-Hungary)の帝位継承者フランツ・フェルディナント(Archduke Franz Ferdinand of Austria)大公が暗殺された事件に対し，オーストリア＝ハンガリー帝国がセルビア(Serbia)王国に対して最後通牒を発するということから始まった。この戦争は，それまでと違った総力戦の様相を呈し，戦後は再び戦争が起こらないよう₃スイス(Switzerland)のジュネーブ(Geneva)に₄国際連盟(League of Nations)が設立された。

(1) 下線部1に関し，第一次世界大戦(WWI)における日本の参戦に関する記述として最も適当なものを，次の①～④の中から一つ選びなさい。　1

① ハワイ(Hawaii)の真珠湾攻撃と同時にマレー半島(Malay Peninsula)を占領した。
② フランス領インドシナ(French Indochina)進駐を実行して東南アジア(Southeast Asia)に侵出した。
③ 太平洋のドイツ(Germany)支配地域を攻撃し，委任統治領として獲得した。
④ 中国(China)との全面的な戦争を行った。

(2) 下線部2に関し，オーストリア＝ハンガリー帝国に関する記述として最も適当なものを，次の①〜④の中から一つ選びなさい。　2

① ハンガリー(Hungary)を別個の国家として認めたが，王位はオーストリア皇帝が兼ねる形であった。
② ハンガリーとオーストリア(Austria)が合併する形で誕生した国家であった。
③ ウィーン会議(Congress of Vienna)によって民族主義運動が抑えられたことを背景に誕生した国である。
④ オーストリアにおける三月革命(Austrian March Revolution of 1848)によって消滅することとなった。

(3) 下線部3に関し，スイスに関する記述として最も適当なものを，次の①〜④の中から一つ選びなさい。　3

① スイスは中央政府が全ての権限を持ち，地方自治は名目上のものにすぎない。
② スイスの州は全て同一言語を公用語として採用しており，これが国家統一の基盤となっている。
③ スイスは国家の代表は存在せず，国民の直接民主制による政治が行われる。
④ スイスは26の州から成る連邦国家であり，各州は高度の自治権を持っている。

(4) 下線部4に関し，国際連盟に関する記述として最も適当なものを，次の①〜④の中から一つ選びなさい。　　　4

① 国際連盟は，紛争解決のための強力な軍事組織を持ち，平和を脅かす国に対して直ちに武力介入する権限を有していた。

② 国際連盟は，一部の加盟国に拒否権を与えていたため，意思決定が困難であった。

③ 国際連盟は，アメリカ(USA)の主導で設立されたが，アメリカ自身は加盟しなかった。

④ 国際連盟は，植民地支配を正当化する組織として機能していた。

問2 次の文章を読み，下の問い(1)～(4)に答えなさい。

　1948年，アメリカは第二次世界大戦(WWⅡ)で疲弊したヨーロッパ(Europe)諸国の救済を目的とする，いわゆる₁「マーシャルプラン(Marshall Plan)」を実施した。そのため，ヨーロッパではその受け入れを円滑にするため，欧州経済協力機構(OEEC)が設立されたが，それが現在の₂経済協力開発機構(OECD)の前身である。

　OECDは1961年に設立され，₃日本は1964年に加盟した。2020年には₄コロンビア(Colombia)が，2021年にはコスタリカ(Costa Rica)が加盟するなど近年は加盟国の数が増えている。

(1) 下線部1に関し，マーシャルプランの受け入れ国として最も適当なものを，図の①～④の中から一つ選びなさい。　5

(2) 下線部2に関し，OECD国家の中で2022年現在，国内総生産(GDP)が大きい順に並べたものを，次の①〜④の中から一つ選びなさい。　6

① スウェーデン － アメリカ合衆国 － イギリス
② スウェーデン － イギリス － アメリカ合衆国
③ アメリカ合衆国 － イギリス － スウェーデン
④ アメリカ合衆国 － スウェーデン － イギリス

注)スウェーデン(Sweden)，イギリス(UK)

(3) 下線部3に関し，1964年の日本に関する出来事として最も適当なものを，次の①〜④の中から一つ選びなさい。　7

① 日ソ共同宣言(Japan–Soviet Joint Declaration)を契機に，国際連合に加盟した。
② オリンピック景気から高度経済成長期が始まった。
③ 変動相場制へ移行した。
④ IMF8条国に移行した。

(4) 下線部4と関連し，コロンビアに関する記述として最も適当なものを，次の①〜④の中から一つ選びなさい。　8

① シモン＝ボリバル(Simón Bolívar)の指導により，スペイン(Spain)から共和国として独立した。
② シモン＝ボリバルの指導により，ポルトガル(Portugal)から王国として独立した。
③ サン＝マルティン(José de San Martín)の指導により，フランス(France)から共和国として独立した。
④ サン＝マルティンの指導により，アメリカから共和国として独立した。

問3 次のグラフは所得と税額に関する曲線である。このグラフから読み取れることとして最も適当なものを，次の①〜④の中から一つ選びなさい。 | 9 |

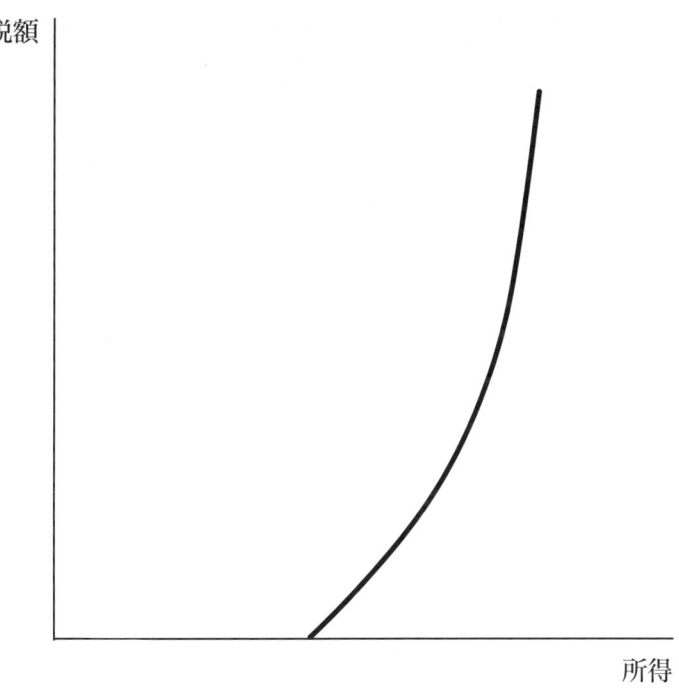

① 所得が少しでもあれば必ず税金が発生する。

② 所得が増えるにつれて税率が高くなる。

③ 所得が増加しても税率は一定である。

④ 所得が増えるほど税負担率が低くなる。

問4 イギリスのサッチャー(Margaret Thatcher)首相が推進した経済政策「サッチャリズム」の特徴として最も適当なものを，次の①～④の中から一つ選びなさい。 10

① 国有企業の民営化と規制緩和を通じて資本の効率的配分を促進しようとした。

② 労働組合の権限を強化し，労働者の賃金と雇用条件の向上を実現した。

③ アトリー(Attlee)内閣が行った政策を継承し，主要産業の国家管理を強化した。

④ 高福祉政策を拡充し，所得再分配機能を強化する「福祉国家」路線を推進した。

問5 経済学においてフロー(Flow)とストック(Stock)の概念がある。フローとストックの分類に関する記述として**適当ではないものを**，次の①～④の中から一つ選びなさい。 11

① 国内総生産(GDP)はフロー，国富はストックである。

② 失業率はフロー，新規雇用者数はストックである。

③ 貯蓄はフロー，預金残高はストックである。

④ 企業の設備投資はフロー，固定資本はストックである。

問6　1929年の世界大恐慌に関する記述として最も適当なものを，次の①～④の中から一つ選びなさい。　12

① 大恐慌への対応としてフーバー(Herbert Hoover)大統領は積極的な財政支出を行い，ニューディール政策(New Deal)を開始した。
② 大恐慌当時，ケインズ(John Maynard Keynes)は『雇用，利子および貨幣の一般理論』において，政府による裁量的財政政策の実施が経済安定化に不可欠であると論じた。
③ 大恐慌後も各国は市場の拡大を図り，自由貿易体制を維持しようとした。
④ 大恐慌の経験から，中央銀行は景気変動に対して中立的な立場を取るべきだという考え方が広まった。

問7　金本位制に関する記述として最も適当なものを，次の①～④の中から一つ選びなさい。　13

① 金本位制の下では，中央銀行が自由に通貨量を調節し，積極的な金融政策を実施することができた。
② 国際金本位制は19世紀に確立し，第一次世界大戦の勃発によって一時的に停止されたが，1920年代に主要国が復帰した。
③ イギリスが国際金本位制を離脱した1931年以降も，日本は1945年代まで金本位制を維持し続けた。
④ ブレトン・ウッズ体制(Bretton Woods system)では，構成国において自由に自国通貨を金に交換することができ，各国政府は金の国際移動を制限しなかった。

問8 次は2000年から2020年にかけての日本の経常収支・貿易収支・サービス収支・第一次所得収支を示したグラフである。経常収支に当てはまるものを，次の①〜④の中から一つ選びなさい。 14

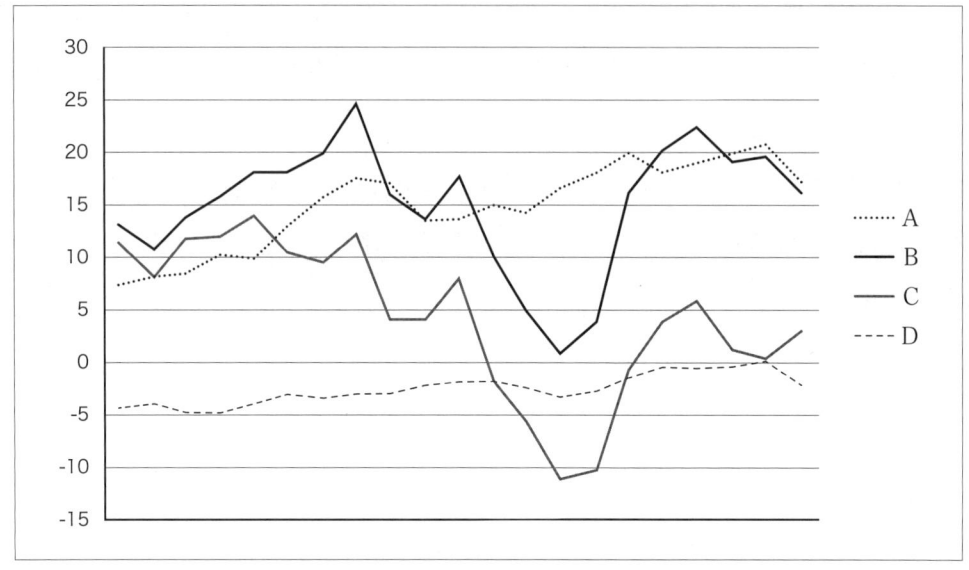

『財務省の国際収支統計』より作成

① A
② B
③ C
④ D

問9 株主の権利保護や公正な経営を確保する目的で運営される仕組みや制度のことをコーポート・ガバナンスという。その例として最も適当なものを，次の①〜④の中から一つ選びなさい。 15

① 終身雇用制度の維持
② 企業の内部留保の最大化
③ 企業秘密の厳格な保持
④ 社外取締役の導入と活用

問10 次のグラフは1970年代の日本のGDP成長率と物価上昇率の推移を示している。最も適当なものを，次の①〜④の中から一つ選びなさい。 16

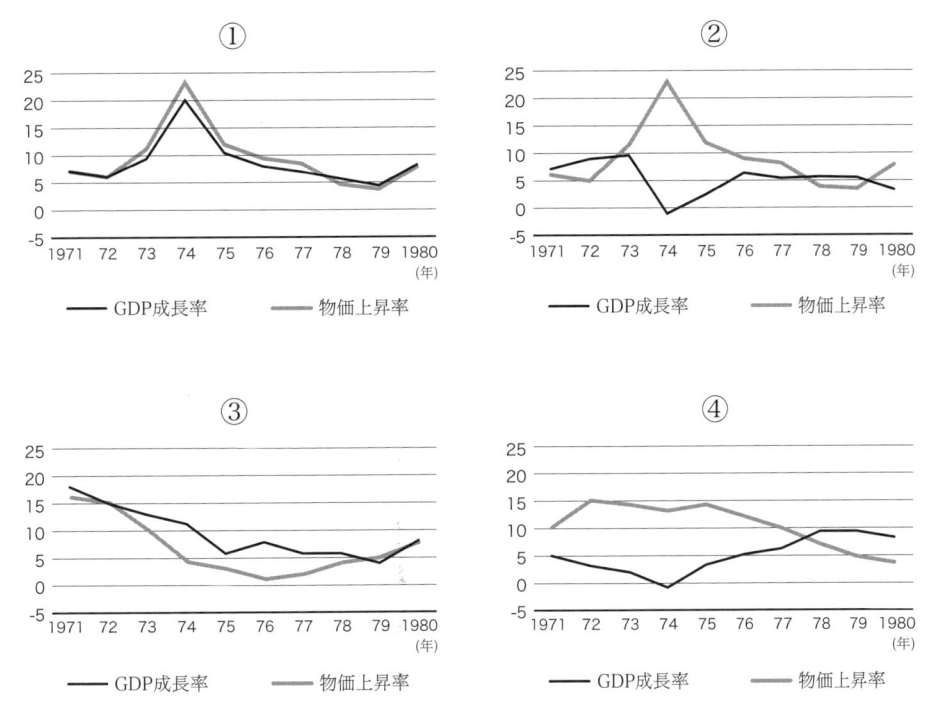

注）単位：％

『IMF World Economic Outlook』より作成

問11 GATT(関税及び貿易に関する一般協定)からWTO(世界貿易機関)への移行に関する記述として最も適当なものを，次の①〜④の中から一つ選びなさい。　17

① GATTの基本原則である最恵国待遇はWTOでは廃止され，地域貿易協定が優先されることになった。

② WTOの紛争解決手続きはGATTと同様に当事国間の交渉を重視し，強制力を持たない勧告を行う。

③ GATTでは対象外だったサービス貿易や知的財産権の保護もWTOの枠組みに含まれることになった。

④ GATTは先進国のみを対象とした地域協定であったが，WTOは全世界に開かれた国際機関となった。

問12 次のグラフは2021年における日本・スウェーデン・フランス・アメリカにおける租税負担率と社会保障負担率を示したものである。日本に該当するものを，次の①〜④の中から一つ選びなさい。 18

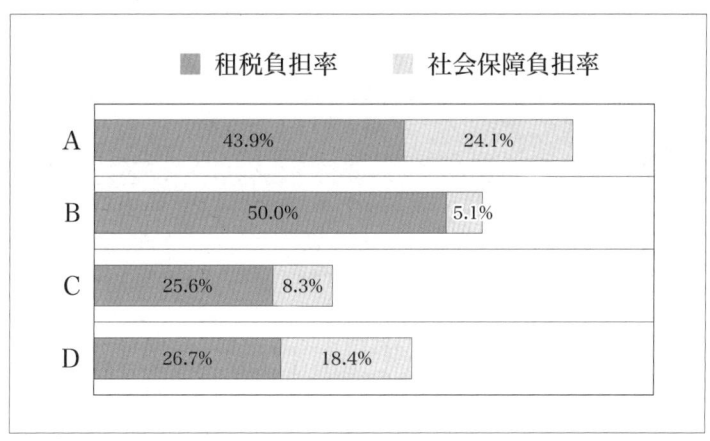

『日本国勢図絵24/25』より作成

① A
② B
③ C
④ D

問13 ヨーロッパ統合の動きに関する記述として最も適当なものを，次の①〜④の中から一つ選びなさい。 19

① 冷戦の終結後，1990年代に多くの旧ソ連(USSR)の国が欧州連合(EU)に加盟を果たした。
② 2020年，イギリスは欧州連合から離脱し，通貨がユーロからポンドに戻った。
③ 1993年，マーストリヒト条約(Maastricht Treaty)の発効とともに初代EU大統領が選出された。
④ フィンランド(Finland)は国民投票の結果を経て1995年，スウェーデンとともに欧州連合に加盟した。

問14 次のグラフは1990年から2020年までの，日本における一次エネルギー(石油・石炭・原子力・天然ガス及び都市ガス)の国内供給割合を示している。各エネルギーの組み合わせとして正しいものを，次の①〜④の中から一つ選びなさい。　20

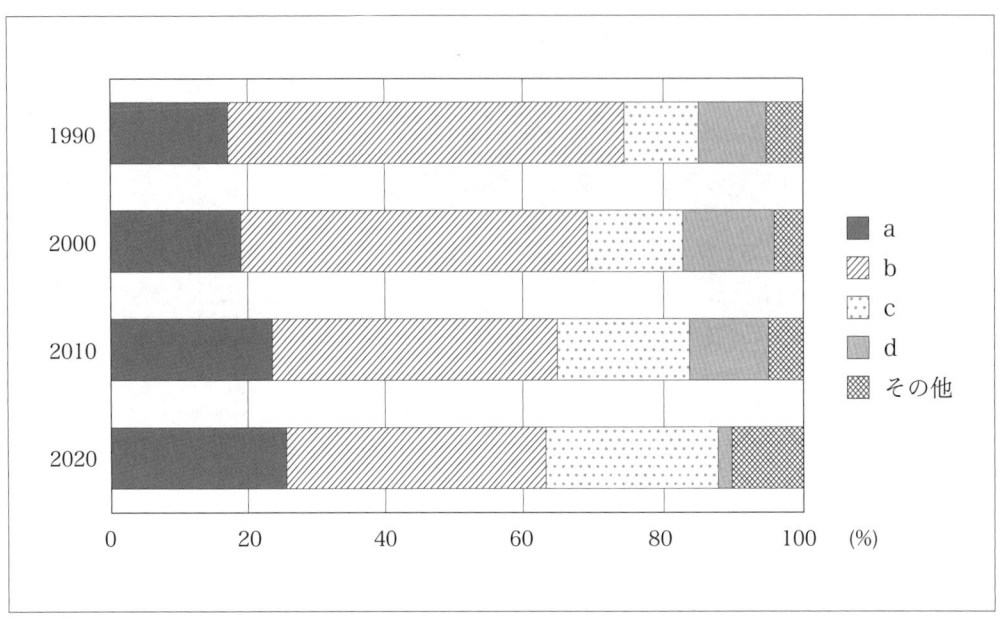

	a	b	c	d
①	石油	天然ガスおよび都市ガス	石炭	原子力
②	原子力	石油	天然ガスおよび都市ガス	石炭
③	原子力	石炭	石油	天然ガスおよび都市ガス
④	石炭	石油	天然ガスおよび都市ガス	原子力

問15 次のハイサーグラフは，下の地図中の①〜④のいずれかのものである。このハイサーグラフの都市として正しいものを，下の図の①〜④の中から一つ選びなさい。

21

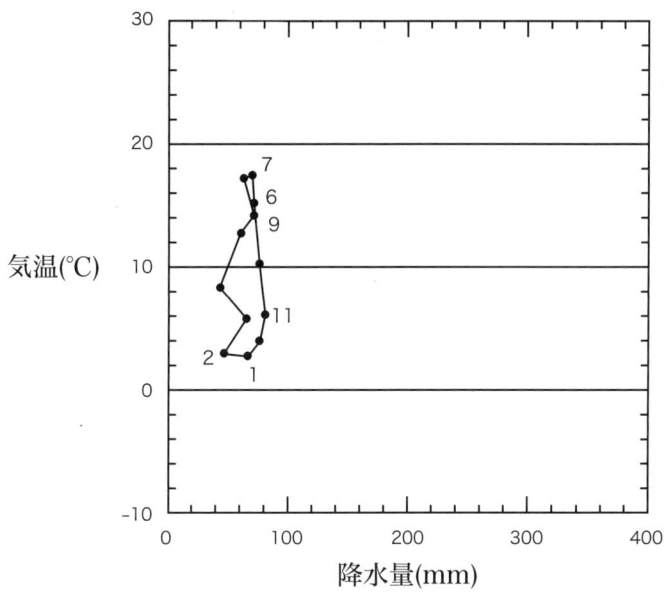

問16 次の文章を読み，空欄 a と b に当てはまる語の組み合わせとして最も適当なものを，次の①〜④の中から一つ選びなさい。　22

　東京から沖縄まで飛行機で移動する場合，所要時間はおよそ３時間である。しかし，沖縄から東京までの所要時間はおよそ a ほどである。このように，東京発沖縄行きと沖縄発東京行きの所要時間が違う理由は b と呼ばれる風の影響である。

	a	b
①	2時間	季節風
②	2時間	偏西風
③	4時間	季節風
④	4時間	偏西風

問17 次は1950年から2018年にかけてイギリス・パキスタン(Pakistan)・南アフリカ共和国(South Africa)・日本における都市人口率を示している。A～Dに当てはまる国名として正しいものを，次の①～④の中から一つ選びなさい。 23

国名	1950	1970	1990	2010	2018
A	53.4	71.9	77.3	90.8	91.6
B	42.2	47.8	52.0	62.2	66.4
C	79.0	77.1	78.1	81.3	83.4
D	17.5	24.8	30.6	35.0	36.7

『World Urbanization Prospects 2018』より作成

	A	B	C	D
①	南アフリカ共和国	イギリス	パキスタン	日本
②	イギリス	パキスタン	日本	南アフリカ共和国
③	パキスタン	日本	南アフリカ共和国	イギリス
④	日本	南アフリカ共和国	イギリス	パキスタン

問18 次の表は，有名な山・山脈とその所在国についてまとめたものである。それらの組み合わせとして正しいものを，次の①～④の中から一つ選びなさい。　24

	山・山脈名	所在国
①	エベレスト山	ペルー
②	アンデス山脈	スイス
③	キリマンジャロ山	エチオピア
④	アパラチア山脈	アメリカ合衆国

注) エベレスト山(Mount Everest)，ペルー(Peru)，
アルプス山脈(Alps Mountains)，キリマンジャロ山(Mount Kilimanjaro)，
エチオピア(Ethiopia)，アンデス山脈(Andes Mountains)

問19 次のグラフは北アメリカ(North America)・ヨーロッパ・アフリカ(Africa)・オセアニア(Oceania)における将来人口の予測を示している。A～Dの組み合わせとして正しいものを，次の①～④の中から一つ選びなさい。　25

(単位：百万人)

	2020年	2050年	2100年
A	1,381	2,467	3,814
B	728	703	592
C	598	688	709
D	44	58	73

『データブック・オブ・ザ・ワールド2025』より作成

	A	B	C	D
①	アフリカ	ヨーロッパ	北アメリカ	オセアニア
②	アフリカ	北アメリカ	ヨーロッパ	オセアニア
③	ヨーロッパ	北アメリカ	アフリカ	オセアニア
④	ヨーロッパ	アフリカ	オセアニア	北アメリカ

問20 日本国憲法における立憲主義の保障に関する記述として最も適当なものを，次の①～④の中から一つ選びなさい。　26

① 憲法改正には，衆議院の過半数と参議院の3分の2以上の賛成が必要である。
② 内閣総理大臣は，憲法尊重擁護義務を負うため「憲法の番人」と言われる。
③ 裁判所による違憲立法審査は，立憲主義を制度的に担保するものである。
④ 国民主権の原理により，国民投票で決定されたことは憲法に優先する。

問21 日本国憲法における違憲立法審査権によって違憲判決が下された事例に関する記述として**適当ではないもの**を，次の①～④の中から一つ選びなさい。　27

① 尊属殺重罰規定事件では，刑法第200条の尊属殺人罪が法の下の平等に反するとして最高裁で違憲判決が下された。
② 薬事法距離制限事件では，職業選択の自由を制限する薬局開設の距離制限規定が違憲とされた。
③ 砂川事件では，日米安全保障条約に基づく在日米軍の駐留について憲法に反するとして最高裁による違憲判決が下された。
④ 婚外子相続分規定事件では，嫡出子と非嫡出子の相続分格差が法の下の平等に反するとして違憲判決が下された。

問22　日本の選挙制度に関する記述として**適当ではないもの**を，次の①〜④の中から一つ選びなさい。　　28

① 衆議院選挙では有権者が小選挙区と比例代表の両方に投票をする。
② 公職選挙法によって選挙運動に対する規制などが定められている。
③ 参議院選挙は全国を11の選挙区とする比例代表制のみで行われている。
④ 衆議院選挙では小選挙区で落選しても比例代表で当選する可能性がある。

問23　日本国憲法に規定されている国民の義務に関する内容として**適当ではないもの**を次の①〜④の中から一つ選びなさい。　　29

① 国民は，勤労の義務を負う。
② 国民は，環境を保全する義務を負う。
③ 国民は，その保護する子女に普通教育を受けさせる義務を負う。
④ 国民は，その能力に応じて，納税の義務を負う。

問24　現代日本の地方自治制度に関する記述として最も適当なものを，次の①〜④の中から一つ選びなさい。　　30

① 都道府県と市町村は法的に上下関係がなく，それぞれが独立した地方公共団体である。
② 地方公共団体の長は，議会が可決した条例案に対して拒否権を行使できない。
③ 地方自治体の主な財源は地方税であり，国からの交付金への依存度は低い。
④ 地方議会の議員は比例代表制によって選出され，政党に所属する候補者が多数を占める。

問25 次の文章を読み，文章中の空欄 a に入る国名として最も適当なものを，次の①〜④の中から一つ選びなさい。 31

　1831年 a から独立したベルギー王国では，その後深刻な対立が起きることとなる。それは北部と南部地域の言語の対立である。1962年には言語境界線が引かれたが，その後も交渉を続け，1993年には連邦制に移行した。しかし，現在も a 語圏の北部では分離独立運動がしばしば起きている。

① オランダ
② ドイツ
③ フランス
④ オーストリア

問26 イギリスの産業革命に関する記述として最も適当なものを，次の①〜④の中から一つ選びなさい。 32

① 鉄道の発展は主に旅客輸送の需要によって促進され，工業製品の輸送には大きな影響を与えなかった。
② 産業革命は毛織物工業から始まり，そこから機械の発展に繋がった。
③ イギリスの産業革命では，石炭より石油が主要なエネルギー源として使用され，環境汚染の問題は比較的少なかった。
④ ジェームズ・ワット(James Watt)が蒸気機関を改良し，効率を高めた結果，炭鉱だけでなく様々な工場での利用が広がった。

問27 国際紛争についての記述として**適当ではないもの**を，次の①〜④の中から一つ選びなさい。　33

① ボスニア・ヘルツェゴビナ紛争(Bosnian War)は旧ユーゴスラビア連邦(former Yugoslavia)の崩壊過程で起きたもので，北大西洋条約機構(NATO)の介入と空爆が行われた。

② インド(India)とパキスタンの間には，宗教の対立を背景とするカシミール(Kashmir)領有権紛争がある。

③ 北アイルランド紛争(Northern Ireland Conflict)は，多数派であるプロテスタント住民と少数派であるカトリック住民との対立が原因である。

④ イスラエル・パレスチナ紛争(Israeli–Palestinian conflict)は1980年代に始まり，オスロ協定(Oslo Accords)をへて，安全保障理事会の決議によって常設国連軍が派遣されている。

問28 1962年のキューバ危機(Cuban Missile Crisis)で，ソ連との核戦争を回避し，危機を乗り越えたアメリカの大統領の名前として正しいものを，次の①〜④の中から一つ選びなさい。　34

① ジョン・F・ケネディ(John Fitzgerald Kennedy)
② ハリー・トルーマン(Harry S. Truman)
③ ロナルド・レーガン(Ronald Wilson Reagan)
④ リチャード・ニクソン(Richard Milhous Nixon)

問29 第二次世界大戦前後における次の出来事A～Dを年代順に並べたものとして正しいものを，次の①～④の中から一つ選びなさい。　35

　　A：連合国によるノルマンディー上陸(Normandy)作戦
　　B：スターリングラード攻防戦(Battle of Stalingrad)
　　C：ドイツ・ソ連の不可侵条約(German-Soviet Nonaggression Pact)の締結
　　D：ドイツのポーランド(Poland)侵攻

① B → A → C → D
② B → D → A → C
③ C → B → D → A
④ C → D → B → A

問30 1814年から1815年にかけて開催されたウィーン会議において中心的な役割を果たし，オーストリア帝国の宰相として「正統主義」の原則を掲げた人物として正しいものを，次の①～④の中から一つ選びなさい。　36

① カヴール(Camillo Benso, Count of Cavour)
② ビスマルク(Otto von Bismarck)
③ メッテルニヒ(Klemens von Metternich)
④ ナポレオン1世(Napoleon I)

問31 フランス第二帝政のナポレオン3世(Napoleon III)に関する記述として最も適当なものを，次の①〜④の中から一つ選びなさい。 37

① クリミア戦争(Crimean War)に参戦し，ロシア(Russia)に敗北した。
② オーストリアとともにサルデーニャ王国(Kingdom of Sardinia)によるイタリア統一を妨げようとした。
③ 植民地拡大政策としてベトナム(Vietnam)南部・カンボジア(Cambodia)などを獲得した。
④ アメリカ大陸への影響力拡大を図り，メキシコ(Mexico)を保護領化した。

問32 函館(明治初期には「箱館」と表記)は1859年開港し，日本の玄関口として外国人居留地などが設けられた。箱館の位置として最も適当なものを，次の①〜④の中から一つ選びなさい。 38

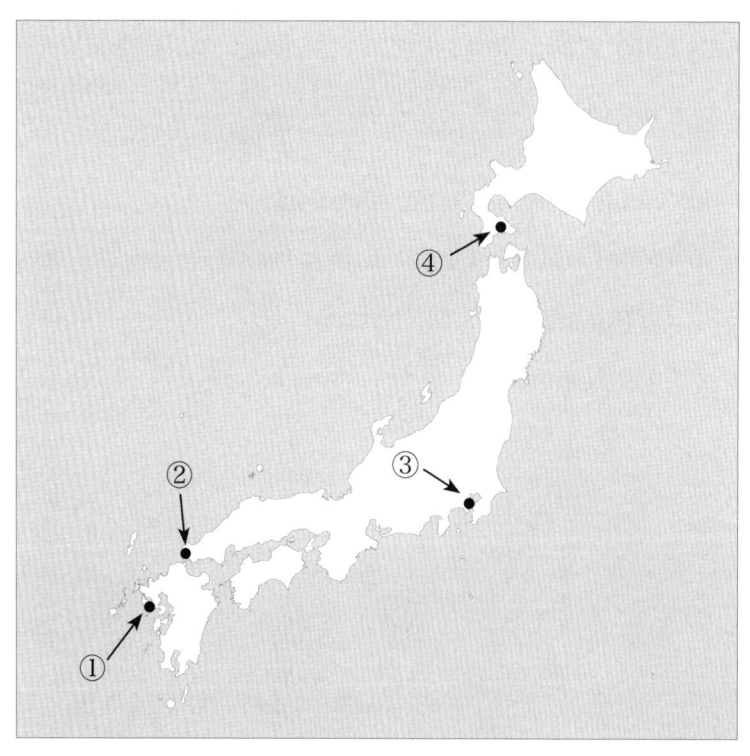

第4回

模擬テスト

総合科目

80分

問1 次の文章を読み，下の問(1)〜(4)に答えなさい。

フィリピン(Philippines)は東南アジア(South East Asia)の島国で，₁首都のマニラ(Manila)は東経120度，北緯13度に位置する。7,641の島々からなる群島国家であり，多民族国家でマレー(Malay)系住民を主体に，中国(China)系，スペイン(Spain)系，アメリカ(USA)系などさまざまな民族から構成される。

この地域の歴史的背景には，16世紀以降のヨーロッパ(Europa)列強による植民地化の影響が大きい。1521年にポルトガル(Portugal)人探検家マゼラン(Ferdinand Magellan)が到達し，その後₂スペインの植民地となった。1898年の米西戦争(Spanish–American War)の結果，アメリカ合衆国の支配下に入り，1946年に独立を果たした。

独立後のフィリピンは，₃アメリカとの同盟関係を基軸としつつ，経済面では，農業や製造業の振興に加え，近年では情報技術(IT)産業やビジネス・プロセス・アウトソーシング(BPO)産業の成長が著しい。また，海外出稼ぎ労働者からの送金も経済を支える重要な要素となっている。

フィリピンは美しい砂浜などの豊かな自然資源を有し，観光業も重要な産業の一つである。しかし，₄自然災害や政治的不安定性などの課題も抱えている。

(1) 下線部1に関し，東京，マニラ，シンガポール(Singapore)，シドニー(Sydney)の4都市について，経度の大きい順(東から西への順)に正しく並べられているものを，次の①〜④の中から一つ選びなさい。　　1

① シドニー → 東京 → マニラ → シンガポール
② 東京 → シドニー → マニラ → シンガポール
③ シドニー → マニラ → 東京 → シンガポール
④ マニラ → シンガポール → 東京 → シドニー

(2) 下線部2に関して，次の文章の空欄 a に適切な語句として正しいものを，次の ①〜④の中から一つ選びなさい。　　　2

　19世紀初頭，アメリカ大陸ではスペインの植民地支配からの独立運動が起こった。この運動は，シモン・ボリバル(Simón Bolívar)やホセ・デ・サン・マルティン(José de San Martín)といった指導者たちによって主導された。独立戦争の結果，現在の a ，ペルー(Peru)，ボリビア(Bolivia)，エクアドル(Ecuador)などの国々が誕生した。この一連の独立運動は，1810年に始まった a の独立宣言から，1825年のボリビア独立まで続いた。

① ブラジル(Brazil)
② ベネズエラ(Venezuela)
③ カナダ(Canada)
④ キューバ(Cuba)

(3) 下線部3に関し，1951年にフィリピンとアメリカの間で相互防衛条約(Mutual Defense Treaty)が締結されたが，その背景として最も適当なものを，次の①〜④の中から一つ選びなさい。　　　3

① 第二次世界大戦(WWⅡ)後の冷戦の開始に伴い，アメリカが共産主義の拡大を防ぐため，アジア(Asia)太平洋地域での同盟関係を強化しようとした。
② フィリピンが第二次世界大戦での日本の占領から完全に回復し，軍事力を増強するためにアメリカの支援を必要とした。
③ フィリピンが東南アジア諸国連合(ASEAN)を設立するにあたり，アメリカとの軍事同盟を基盤として地域の安全保障を確保しようとした。
④ アメリカがフィリピンの天然資源，特に石油と天然ガスの独占的な採掘権を獲得するために，軍事同盟を通じて影響力を強化しようとした。

(4) 下線部4に関し、フィリピン諸島は環太平洋造山帯に属する地域である。環太平洋造山帯に当てはまる地域の例として正しいものを、次の①〜④の中から一つ選びなさい。　4

① ブラジル
② マダガスカル(Madagascar)
③ イタリア(Italy)
④ パナマ(Panama)

問2 次の文章を読み，下の問い(1)～(4)に答えなさい。

　　1853年，₁アメリカのペリー(Matthew C. Perry)はフィルモア大統領(Millard Fillmore)の国書をもち，江戸幕府に対して開国を要求し，翌年，日米和親条約(Treaty of Peace and Amity between the United States and Japan)が結ばれた。そして，その5年後の1858年には日米修好通商条約(Treaty of Amity and Commerce between Japan and the United States)が締結されたのである。この条約では，神奈川・長崎・₂新潟・兵庫の開港が決まり，領事裁判権による治外法権を認めたことに加え，₃自由貿易を掲げながら日本の関税自主権は認められなかった。しかし，₄日本の開国後まもなくアメリカでは南北戦争(American Civil War)が勃発し，自由貿易の拡大に積極的であったイギリス(UK)が日本の主な貿易相手となった。

(1) 下線部1に関して，1853年，日本との開国の交渉はイギリスやフランス(France)などヨーロッパ列強よりアメリカが主導権を握っていたが，その理由として最も適当なものを，次の①～④の中から一つ選びなさい。　　　　　　　　　　　　　　　　 **5**

① ヨーロッパ列強はクリミア戦争(Crimean War)の最中だったので東アジア(East Asia)に進出する余裕がなかった。
② ヨーロッパ列強はギリシア独立(Greek Independence)をめぐり，オスマン帝国(Ottoman Empire)と戦争を行っていた。
③ ヨーロッパ列強はナポレオン1世(Napoleon I)により占領されたため，主権を失っていた。
④ ヨーロッパ列強はラテンアメリカ(Latin America)への進出を積極的に行っていた。

(2) 下線部2に関して、次の表は札幌・横浜・新潟・長野における1月と8月の平均気温と降水量を示している。新潟に当てはまるものを、次の①〜④の中から一つ選びなさい。　6

①
	1月	8月
平均気温(℃)	-3.6	22.3
降水量(mm)	113.6	123.8

②
	1月	8月
平均気温(℃)	-0.6	25.2
降水量(mm)	51.1	97.8

③
	1月	8月
平均気温(℃)	2.8	26.6
降水量(mm)	186.0	140.6

④
	1月	8月
平均気温(℃)	5.9	26.7
降水量(mm)	58.9	165.0

(3) 下線部3に関して、自由貿易に関する記述として最も適当なものを、次の①〜④の中から一つ選びなさい。　7

① 産業革命以前の重商主義国家間で最も自由貿易が行われていた。
② ドイツ関税同盟(German Customs Union)を主導したフリードリヒ・リスト(Friedrich List)によって提唱された。
③ 世界恐慌の後、ブロック経済化を通して自由貿易体制の整備が進んだ。
④ デイヴィッド・リカード(David Ricardo)は自由貿易が経済的利益につながるとした。

(4) 下線部4に関して，下の文章を読み，空欄 a に当てはまる言葉として最も適当なものを，次の①〜④の中から一つ選びなさい。 8

開国当時，日本からの輸出品のうち a が貿易額のほとんどを占める形となった。それは欧米での需要が高く，日本の主要な外貨獲得源となった。

① 茶
② 生糸
③ 陶磁器
④ 漆器

問3 国民総所得(GNI)に関する記述として最も適当なものを，次の①～④の中から一つ選びなさい。 9

① 国民純生産(NNP)と定義上の数値は原則的に一致している。
② 間接税を差し引いて受け取った補助金を加えれば，国民所得(NI)になる。
③ 「どれだけ国民が生産をしたか」を中心にとらえた指標である。
④ 現代では国民総生産(GNP)より使用が多い国際統計である。

問4 デフレーション(deflation)に関する記述として最も適当なものを，次の①～④の中から一つ選びなさい。 10

① 経済全体での供給が需要を上回るときに発生することが多い。
② 名目賃金を上昇させる。
③ モノやサービスに対する通貨の相対的価値が下落することを意味する。
④ 過去の借金に対する負担が減少する。

問5 下のグラフは2003年から2022年までの日本の国際収支における特定の項目の推移を示している。この項目として最も適切なものを，次の①〜④の中から一つ選びなさい。

11

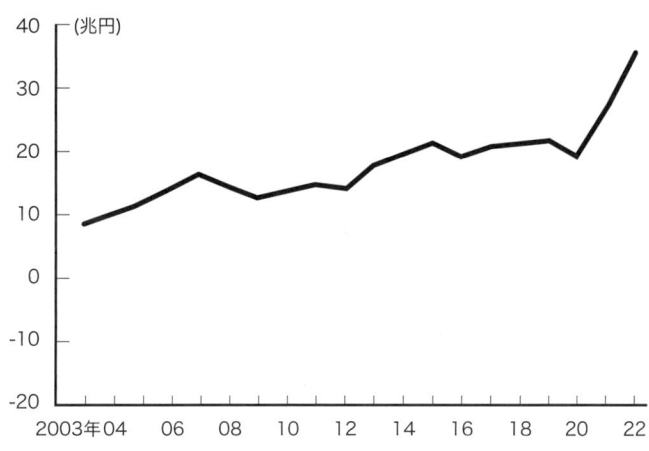

① 貿易収支
② サービス収支
③ 第一次所得収支
④ 旅行収支

問6 市場の失敗の具体例として最も適当なものを，次の①〜④の中から一つ選びなさい。

12

① 技術革新による生産性の向上
② 消費者ニーズに応える新製品の開発
③ 取引当事者間の情報の偏りによる逆選択
④ 競争による商品価格の下落

問7 次の図は日本において国税と地方税，直接税と間接税の区分を示している。Xに当てはまる税金の例として最も適当なものを，次の①〜④の中から一つ選びなさい。

13

	直接税	間接税
国税		X
地方税		

① 所得税
② 関税
③ 自動車税
④ 住民税

問8 次のA〜Dは，1940年代から70年代にかけて起きた出来事である。出来事A〜Dを年代順に並べたものとして正しいものを，次の①〜④の中から一つ選びなさい。

14

A：ブレトンウッズ会議(Bretton Woods Conference)の開催
B：ニクソン(Richard Nixon)大統領によるドルと金の交換停止
C：IMF(国際通貨基金)の設立
D：キングストン合意(Kingston Agreement)

① A → B → C → D
② A → C → B → D
③ C → A → D → B
④ C → D → A → B

問9　1990年代のバブル崩壊後の日本の金融市場に関する記述として最も適当なものを，次の①～④の中から一つ選びなさい。　15

① 世界金融危機(Global Financial Crisis)の影響で縮小した企業活動を活性化するために大規模な減税が行われた。
② 金融市場において規制の撤廃や緩和が積極的に行われた。
③ 金融機関の健全性のために中央銀行が積極的に金利の調整などを行った。
④ 銀行の破産を防ぐため，政府は自己資本比率の規制を完全に撤廃した。

問10　労働運動と労働組合に関する記述として**適当ではないもの**を，次の①～④の中から一つ選びなさい。　16

① 日本では労働者の生活を保護するために最低賃金を都道府県ごとに定めている。
② 日本の労働基準法では女性であることを理由に差別することを禁止している。
③ イギリスでは1837年頃から労働者階級を中心に普通選挙などを求める運動が起きた。
④ アメリカでは19世紀末，労働者の団結権と団体交渉権を保障するシャーマン法(Sherman Act)が制定された。

問11 次は1990年から2020年におけるアメリカ(USA)・日本・中国・インド(India)の外貨準備高の推移を表している。日本に当てはまるものを，次の①〜④の中から一つ選びなさい。　17

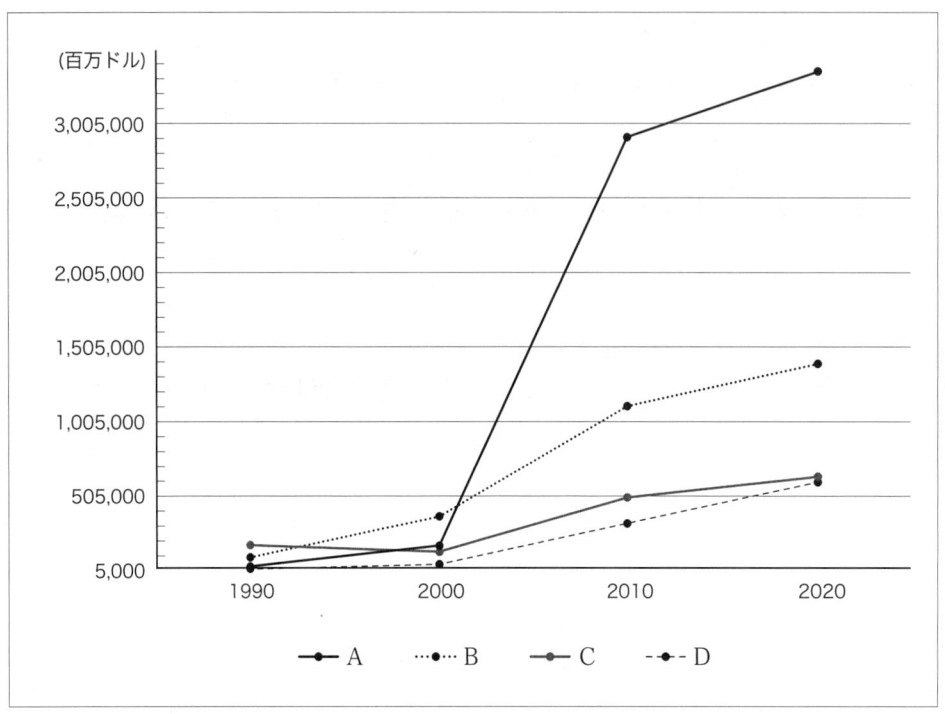

『データブック・オブ・ザ・ワールド2023』より作成

① A
② B
③ C
④ D

問12 下の表は，1990年と2022年における日本，アメリカ，中国，ロシア(Russia)の二酸化炭素(CO_2)総排出量と一人当たり排出量を示したものである。この中でアメリカの指標を示しているものを，次の①～④の中から一つ選びなさい。 | 18 |

国名	総排出量 (Mt)		一人当たり排出量 (t)	
	1990年	2022年	1990年	2022年
A	1,094	1,060	8.90	8.50
B	5,085	4,713	20.20	14.20
C	2,379	11,471	2.00	8.00
D	2,379	1,755	16.10	12.00

『IEA資料』より作成

① A
② B
③ C
④ D

問13 エジプト(Egypt)のカイロ(cairo)は東経31度13分，北緯30度3分に位置している。カイロの対蹠点の緯度と経度を，次の①～④の中から一つ選びなさい。 | 19 |

① 南緯30度3分，西経148度47分
② 南緯30度3分，西経31度13分
③ 南緯59度57分，西経148度47分
④ 南緯59度57分，西経31度13分

問14 下の図はオーストラリア(Australia)大陸の気候区分を表している。A〜Cに当てはまる気候の組み合わせとして最も適当なものを，次の①〜④の中から一つ選びなさい。

20

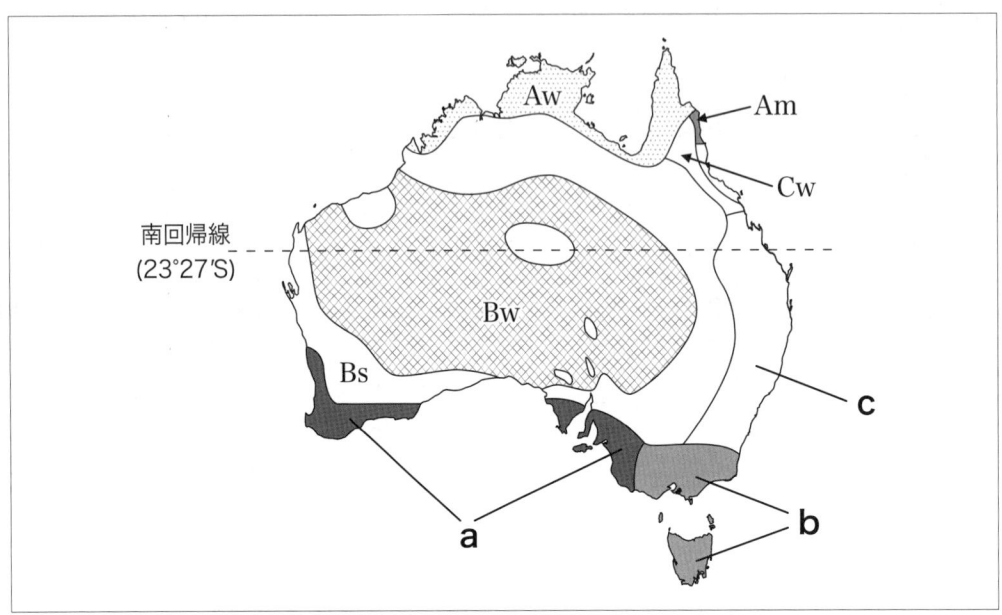

	A	B	C
①	西岸海洋性気候(Cfb)	地中海性気候(Cs)	温暖湿潤気候(Cfa)
②	西岸海洋性気候(Cfb)	温暖湿潤気候(Cfa)	地中海性気候(Cs)
③	地中海性気候(Cs)	温暖湿潤気候(Cfa)	西岸海洋性気候(Cfb)
④	地中海性気候(Cs)	西岸海洋性気候(Cfb)	温暖湿潤気候(Cfa)

問15 次の表は2022年における大豆の生産量の上位5か国を示している。Aに当てはまる国名として最も適当なものを，次の①〜④の中から一つ選びなさい。　21

	万トン	%
ブラジル	12,070	34.6
A	11,638	33.4
アルゼンチン	4,386	12.6
中国	2,028	5.8
インド	1,299	3.7

『データブック・オブ・ザ・ワールド2025』より作成
注)アルゼンチン　Argentine

① オーストラリア
② アメリカ
③ ロシア
④ カナダ

問16 次の文章を読み，A に当てはまる地域を，下の地図の①〜④の中から一つ選びなさい。

22

A はカナダにおいてフランス語が最も広く使用されている地域である。ここではフランス語が唯一の公用語として制定されており，人口の約80%がフランス語を母語としている。モントリオール(Montreal)やケベックシティ(Quebec City)などの主要都市も含まれるこの地域は，北米におけるフランス語圏文化の中心地としての役割を果している。

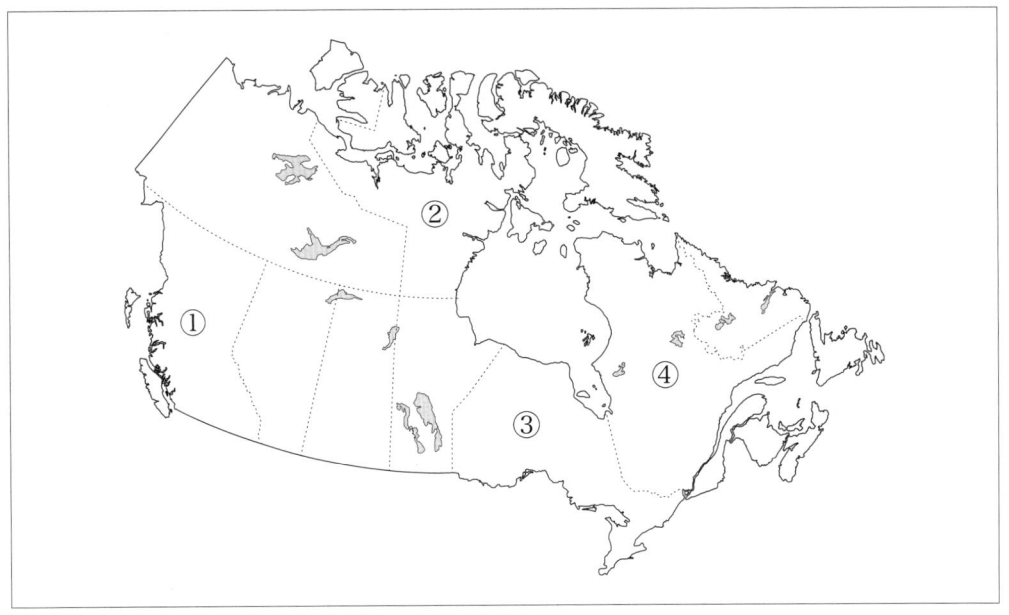

問17 次の表は2021年における中国・オーストラリア・イギリス・ベルギー(Belgium)の一人当たり貿易額を示している。A～Dの組み合わせとして適当なものを，次の①～④の中から一つ選びなさい。 23

	一人当たり貿易額(ドル)	
	輸出	輸入
A	13,304	10,075
B	6,993	10,324
C	47,270	45,397
D	2,355	1,884

『データブック・オブ・ザ・ワールド2024』より作成

	A	B	C	D
①	オーストラリア	イギリス	ベルギー	中国
②	中国	オーストラリア	イギリス	ベルギー
③	ベルギー	中国	オーストラリア	イギリス
④	イギリス	ベルギー	中国	オーストラリア

問18 次のグラフは1980年と2022年におけるキューバ(Cuba)の農産物輸出の構成比を表している。Aに当てはまる作物として正しいものを，次の①〜④の中から一つ選びなさい。 24

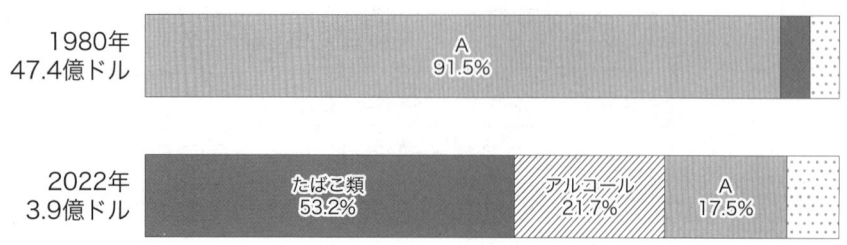

『FAOSTAT』より作成

① てんさい
② 米
③ 砂糖
④ 小麦

問19 フランスの政治制度として最も適当なものを，次の①〜④の中から一つ選びなさい。 25

① 議会は二院制で，首相の任命権を持っている。
② 首相が存在する立憲君主制である。
③ 大統領には閣僚の任命権など強大な権限が与えられている。
④ フランスは共和制が始まって以降，一度も憲法改正が行われていない。

問20　政党制に関する記述として最も適当なものを，次の①～④の中から一つ選びなさい。　26

① 二大政党制は，政治責任の所在がはっきりしているが，多党制に比較して政権が安定しないという短所がある。
② 二大政党制は大選挙区制を採用している国で現れやすい。
③ 多党制は政権が長期的に安定し，政策の継続性が保たれやすい。
④ 多党制は国民の多様な意見が反映され，政策の軌道修正など弾力的に国政の運営ができる。

問21　1789年のフランス人権宣言(Declaration of the Rights of Man)は17条からなるフランス革命の基本原理を記したものである。フランス人権宣言に明記されている内容として適当なものを，次の①～④の中から一つ選びなさい。　27

① 労働者の権利
② 生存権の保障
③ 言論の自由
④ 普通選挙の実現

問22　日本の地方自治の特徴に関する記述として最も適当なものを，次の①～④の中から一つ選びなさい。　28

① 行政機関である首長は地方議会により選出される。
② 住民の意向によってその地域の議会を解散することが可能である。
③ 一定の有権者の署名を集め，法律や命令などを改廃することができる。
④ 地方自治体の事務の中では国道管理やパスポートの交付などの自治事務がある。

問23 行政国家に関する記述として最も適当なものを，次の①〜④の中から一つ選びなさい。　29

① 行政国家化現象は20世紀以降に始まり，立法権の優位は完全に失われた。
② 行政国家化に伴い，行政委員会制度は完全に廃止され，全ての行政権限は内閣に集中している。
③ 情報公開法の制定や行政手続法の整備により，行政の民主的統制は不要となっている。
④ 行政機関による政令や省令の制定は，原則として法律の委任に基づいて行われる。

問24 国際法に関する記述として**適当ではないもの**を，次の①〜④の中から一つ選びなさい。　30

① 文書化された国家間の条約は国際法に該当する。
② 国家は自国が署名し批准した条約に限って拘束される。
③ 「公海自由の原則」などを提起したグロティウス(Grotius)は，国際法の父といわれる。
④ 国際法を立法できる唯一の機関として国際連合の総会が存在する。

問25 フランスのナポレオン1世(Napoleon Bonaparte)が退位した後，ウィーン会議(Congress of Vienna)が開かれ，ウィーン体制が始まった。ウィーン体制に関する記述として最も適当なものを，次の①〜④の中から一つ選びなさい。　31

① 君主・貴族による保守的な政治が行われた時期であった。
② 自由主義に基づく資本主義体制が確立した時期であった。
③ フランス革命期に確立した民族主義の原則が定着する時期であった。
④ 身分制社会の構造が解体し，平等な社会へ移行する時期だった。

問26　1951年に独立を果たし，第二次世界大戦(WWⅡ)後，アフリカで最初に独立した国となった国を，次の①〜④の中から一つ選びなさい。　32

① ガーナ(Ghana)
② リビア(Libya)
③ エジプト
④ モロッコ(Morocco)

問27　アヘン戦争(First opium War)は19世紀半ばの国際情勢に大きな影響を与えた。アヘン戦争直後の出来事として最も適当なものを，次の①〜④の中から一つ選びなさい。　33

① ドイツ(Germany)が山東半島(Shandong Peninsula)の南側を租借した。
② アメリカが満州(Manchuria)地域に進出するようになった。
③ 中国清朝が欧米諸国に対して門戸を開放し，通商を認めた。
④ 台湾(Taiwan)が日本の占領地となった。

問28　第二次世界大戦後に圧倒的な経済力をもっていたアメリカが西欧諸国の経済を復興させるため，対ソ戦略上から行った政策を何というか，次の①〜④の中から一つ選びなさい。　34

① シューマン・プラン(Schuman Declaration)
② マーシャル・プラン(Marshall Plan)
③ ニクソン・ドクトリン(Nixon Doctrine)
④ トルーマン・ドクトリン(Truman Doctrine)

問29 18世紀後半にイギリスで始まった産業革命に関する記述として最も適当なものを，次の①～④の中から一つ選びなさい。　35

① 蒸気機関の発明により，石炭の需要が急激に減少し，鉄道の発展が遅れた。
② 囲い込み運動により，大規模農業が促進され，農村の過剰人口が都市に流入した。
③ 綿工業が盛んになり，手工業から工場制機械工業への移行が進んだが，毛織物業の優位は変わらなかった。
④ 労働組合の設立が政府によって奨励され，労働者の権利保護が進んだ。

問30 第二次世界大戦後のイギリスにおいて，ベバリッジ報告(Beveridge Report)の提言に基づき本格的な福祉国家政策を実現した労働党内閣として最も適当なものを，次の①～④の中から一つ選びなさい。　36

① チャーチル(Winston Churchill)内閣
② アトリー(Clement Attlee)内閣
③ マクドナルド(Ramsay MacDonald)内閣
④ サッチャー(Margaret Thatcher)内閣

問31 次の文章を読み，空欄 a と b に当てはまる語句として正しいものを，次の①〜④の中から一つ選びなさい。 37

　1956年，ソ連(USSR)共産党のフルシチョフ(Nikita Khrushchev)が行ったスターリン(Joseph Stalin)批判は当時の世界を驚かせるものであった。特に社会主義陣営に大きな影響を与えた。まず東欧諸国ではそれまでのスターリンに対する不満が一気に爆発し， a などでは反ソ暴動が起きた。その結果，ソ連圏からの離脱は実現できなかったものの，スターリン体制の下で大きな影響力をもっていた b は解散することとなった。

	a	b
①	ハンガリー	コミンフォルム
②	ハンガリー	ワルシャワ条約機構
③	東ドイツ	コミンフォルム
④	東ドイツ	ワルシャワ条約機構

　注) ハンガリー Hungary　　コミンフォルム Cominform
　　　ワルシャワ条約機構 Warsaw Treaty Organization

問32 第一次石油危機(Oil Crisis)とその影響として正しいものを，次の①〜④の中から一つ選びなさい。 38

① 中東(Middle East)地域で起きた戦争による石油生産施設の破壊から生じた。
② 石油危機による経済的課題を論議するため，先進国首脳会議(G5)が開かれた。
③ 石油危機に対処するため，ソ連はアフガニスタン(Afghanistan)を侵攻した。
④ 中東地域で起きた民主化運動によって発生した。

(memo)

第5回

模擬テスト

総合科目

80分

問1 次の文章を読み，下の問い(1)〜(4)に答えなさい。

　1795年，₁フランス(France)とプロイセン(Prussia)は，スイス(Switzerland)のバーゼル(Basel)において₂和平条約を結んだ。この条約は，フランス革命(French Revolution)に干渉するためにプロイセンが開始した戦争が失敗に終わり，革命政府との間で締結された講和条約である。

　同年，　a　は，政治哲学に関する著作『永遠平和のために』を発表した。　a　の著書には，将来の戦争の可能性を残した平和条約，購入や贈与による国家の獲得，常備軍の維持・拡大，戦争目的の国債発行，他国の内政への軍事介入，国家間の相互信頼を損なう行為などを禁止するよう訴える内容が含まれている。これらの思想は，後に₄国際連盟の設立に大きな影響を与えた。

(1) 下線部1に関し，次の表は2021年におけるフランス・スペイン(Spain)・カナダ(Canada)・日本の輸出品と輸出額を示している。フランスに当てはまるものを，次の①～④の中から一つ選びなさい。　1

A
(単位：億ドル)

輸出品	輸出額
機械類	2,717
自動車	1,357
精密機器	394
鉄鋼	348
自動車部品	330

B
(単位：億ドル)

輸出品	輸出額
自動車	537
機械類	450
野菜・果実	249
医薬品	209
石油製品	180

C
(単位：億ドル)

輸出品	輸出額
原油	819
機械類	460
自動車	437
金	291
木材	156

D
(単位：億ドル)

輸出品	輸出額
機械類	1,091
自動車	488
医薬品	401
航空機	310
化粧品類	187

『世界国勢図絵23/24』より作成

① A
② B
③ C
④ D

(2) 下線部2に関して，歴史上の平和条約に関する記述として最も適当なものを，次の①〜④の中から一つ選びなさい。　　　　　　　　　　　　　　　　　　2

① 30年戦争(Thirty Years' War)の結果，ベルサイユ(Versailles)で平和条約が結ばれた。
② 第一次世界大戦(WWⅠ)後，ドイツ(Germany)はロンドン(London)で連合国と平和条約を締結した。
③ 第二次世界大戦(WWⅡ)後，日本はサンフランシスコ(San Francisco)で連合国と平和条約を結んだ。
④ ベトナム戦争(Vietnam War)の結果，アメリカ(USA)とベトナム(Vietnam)はワシントンD.C.(Washington D.C.)で平和条約を締結した。

(3) 本文の空欄 a に当てはまる人物として正しいものを，次の①〜④の中から一つ選びなさい。　　　　　　　　　　　　　　　　　　3

① イマヌエル・カント(Immanuel Kant)
② ゲオルク・ヘーゲル(Georg Wilhelm Friedrich Hegel)
③ フーゴー・グロティウス(Hugo Grotius)
④ マックス・ヴェーバー(Max Weber)

(4) 下線部4に関して，国際連盟の本部はジュネーブ(Geneva)に置かれていた。ジュネーブの位置として正しいものを，次の①～④の中から一つ選びなさい。　　4

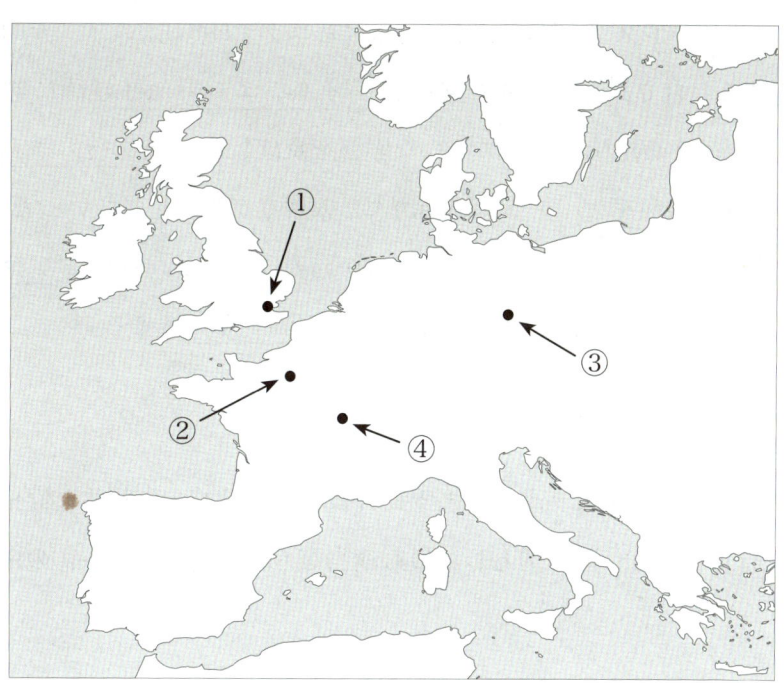

問2 次の会話を読み，下の問い(1)～(4)に答えなさい。

　　バルフォア宣言(Balfour Declaration)は，1917年にイギリス(UK)の外相が発表した宣言であり，パレスチナ(Palestine)におけるユダヤ(Jew)人の「民族的郷土」の建設を支持するものであった。この宣言は，₁イスラエル(Israel)建国に向けての重要な一歩となり，中東地域の情勢に多大な影響を及ぼした。₂その後，ユダヤ人のパレスチナへの移住が加速し，アラブ(Arab)人との対立が深刻化していった。1948年，ユダヤ人指導者によるイスラエル独立宣言が発表されると，直ちに₃アラブ諸国との間で戦争が勃発した。これが₄中東戦争(Middle East War)である。

(1) 下線部1に関して，イスラエルのように大統領は象徴的・儀礼的な性格が強く，実質的な権限は首相がもつ国の例として最も適当なものを，次の①～④の中から一つ選びなさい。　　5

　① ドイツ
　② フランス
　③ ロシア(Russia)
　④ ブラジル(Brazil)

(2) 下線部2に関して，19世紀末から20世紀にかけてパレスチナ地域へのユダヤ人の移住が増加した。その中で最も移住の多かった時期として正しいものを，次の①～④の中から一つ選びなさい。　　6

　① 1882年～1903年
　② 1904年～1914年
　③ 1924年～1929年
　④ 1933年～1939年

(3) 下線部3に関して，19世紀から20世紀の初頭にかけてのアラブ諸国の歴史に関する記述として**適当ではないもの**を，次の①〜④の中から一つ選びなさい。　| 7 |

① 1830年，フランス軍がアルジェリア(Algeria)に侵攻し，オスマン帝国(Ottoman Empire)からアルジェリアを奪取した。

② ウラービー革命(Urabi Revolt)を口実に，イギリス軍はエジプト(Egypt)に進駐し，軍事占領した。

③ ドイツはバグダード(Baghdad)鉄道建設などを通じて，オスマン帝国への影響力を強化した。

④ ロシアはオスマン帝国との戦争を通じて黒海沿岸地域を超え，アラビア半島(Arabian Peninsula)まで影響力を強化した。

(4) 下線部4に関して，1956年に起きた第二次中東戦争後の国際情勢に関する記述として最も適当なものを，次の①〜④の中から一つ選びなさい。　| 8 |

① エジプトはスエズ運河(Suez Canal)の国有化が国際的に認められ，運河の主権を回復した。

② イギリスとフランスが中東地域における影響力を大幅に拡大した。

③ アメリカとソ連(USSR)が共同でエジプトを支援し，米ソ協調体制が確立された。

④ エジプトのナセル大統領(Gamal Abdel Nasser)が失脚し，親西側政権が樹立された。

問3 外国為替相場が1ユーロ=100円のとき，200万円をユーロに両替して1年間預金したとする。ユーロの金利を5%とした場合の記述として最も適当なものを，次の①〜④の中から一つ選びなさい。なお，手数料は考慮に入れないものとする。　9

① 円に両替すると，為替レートが1ユーロ=90円に変化していれば，元本と利息を合わせて約231万円になる。

② 円に両替すると，為替レートが1ユーロ=90円に変化していれば，元本と利息を合わせて約189万円になる。

③ 円に両替すると，為替レートが1ユーロ=110円に変化していれば，元本と利息を合わせて約210万円になる。

④ 円に両替すると，為替レートが1ユーロ=90円に変化していれば，元本と利息を合わせて約210万円になる。

問4 次の図は，ある市場の需要曲線と供給曲線を表している。この市場において，新規企業の参入規制が緩和された場合に起こる変化として最も適当なものを，次の①〜④の中から一つ選びなさい。 10

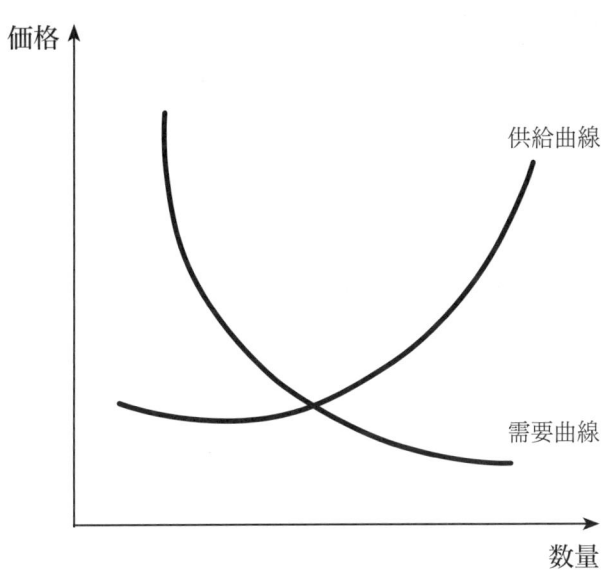

① 供給曲線が右に移動するので，均衡取引量は増大し，価格が低下する。
② 供給曲線が左に移動するので，均衡取引量は減少し，価格が上昇する。
③ 需要曲線が右に移動するので，均衡取引量は増大し，価格が低下する。
④ 需要曲線が左に移動するので，均衡取引量は減少し，価格が上昇する。

問5 文章中の空欄 a に当てはまるものを，次の①〜④の中から一つ選びなさい。

11

市場で生じる不均衡を解消したり，国民の最低限の生活を保障したりするために，政府が積極的な役割を果たす国家の形態を a という。 a は20世紀の初めから中盤にかけて，欧米諸国で発展したが1970年代以降，経済の非効率化などの問題から a の在り方をめぐる議論が盛んになった。

① 行政国家
② 夜警国家
③ 近代国家
④ 福祉国家

問6 日本政府による国債の発行増加がもたらす影響として**適当ではないもの**を，次の①〜④の中から一つ選びなさい。

12

① 国債発行の増加によって，国債価格が下落し，金利が上昇する圧力が生じる。
② 国債発行の増加によって，政府の利払い負担を増大させ，政府の債務償還コストが上昇する。
③ 国債発行の増加は，短期的には景気を抑制する恐れがある。
④ 国債発行の増加は，財政赤字の拡大と公的債務残高の増加につながる。

問7 景気変動に関する記述として最も適当なものを，次の①～④の中から一つ選びなさい。　13

① 周期的に繰り返される景気変動は，景気循環と呼ばれるが，景気循環の一周期が，最も長いものをジュグラー循環という。
② 景気の後退期には，需要の増加に対して供給が追い付かない現象がよく起きる。
③ 好景気に入って上昇するはずの物価が，逆に市場の寡占状態のために下落し続けるという現象を，スタグフレーションという。
④ 不景気になると一般に中央銀行は公開市場において買いオペレーションを行い，通貨量を増やす政策をとる。

問8 前年度の実質GDPが200兆円，今年度の名目GDPが300兆円であった。また，GDPデフレーターは125であった。このとき，実質経済成長率として正しいものを，次の①～④の中から一つ選びなさい。　14

① 10%
② 15%
③ 20%
④ 30%

問9 1980年代の日本経済に関する記述として最も適当なものを，次の①～④の中から一つ選びなさい。　15

① 第二次世界大戦後，初めてマイナス成長に陥り，高度経済成長が終わった。
② 物価の持続的な下落が始まり，消費者の購買意欲が低下した。
③ 金融ビッグバンと呼ばれる大規模な金融制度改革が行われた。
④ 新自由主義的な政権のもと，国営企業の民営化が進んだ。

問10　1950年代から60年代にかけて日本では「国際収支の天井」という現象が発生した。そのメカニズムを表したものとして最も適当なものを，次の①〜④の中から一つ選びなさい。　16

① 経済成長→輸出増加→外貨準備増加→インフレ懸念→金融引き締め
② 経済成長→人口増加→輸入増加→貿易赤字→景気抑制策
③ 経済成長→輸出増加→設備投資増加→供給過剰→不況
④ 経済成長→輸入増加→経常収支悪化→外貨準備減少→金融引き締め

問11　日本の株式会社に関する記述として最も適当なものを，次の①〜④の中から一つ選びなさい。　17

① 代表取締役の地位は，株式保有数が最も多い株主が占める。
② 株式会社の倒産時に，株主の責任は自らの出資額の限度内に留まる。
③ 企業間の関係強化による弊害を防ぐため，株式会社は他の企業の株を所有することが禁止されている。
④ 監査役は，取締役会で選任され，経営者の職務執行を監督する。

問12　日本の社会保険制度に関する記述として最も適当なものを，次の①〜④の中から一つ選びなさい。　18

① 労働者災害補償保険は労働者本人が保険料を払い，生活の安定を図るとともに，再就職を支援する。
② 健康保険に加入すると，医療機関での診療の際，一部だけが自己負担で残りは保険から支払われる。
③ 公的年金は，高齢者の生活を支える制度で，任意加入を原則としている。
④ 雇用保険は，労働者の福利厚生のための制度であり，事業所の加入は任意で強制ではない。

問13　対蹠点は，地球の中心を通る直線上で正反対の位置にある点である。ロンドンの対蹠点に最も近い国はどこか，次の①〜④の中から一つ選びなさい。　19

① ニュージランド(New Zealand)
② ブラジル
③ 南アフリカ共和国(Republic of South Africa)
④ インドネシア(Indonesia)

問14 次のグラフは、ケッペン(Wladimir Peter Köppen)の気候区分の温帯に属するある地域の降水量と気温を示している。グラフから読み取れることとして最も適当なものを、次の①〜④の中から一つ選びなさい。 20

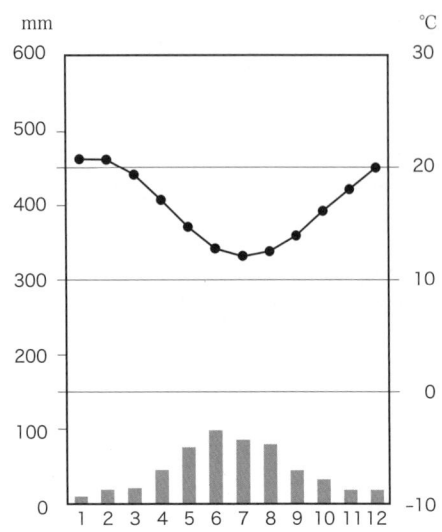

① フランスの北部で見られる気候である。
② アカシア属やバオバブ属などの耐乾性の高い樹木が点在している。
③ 夏は乾燥して暑く、冬は湿潤で比較的温暖である。
④ 大陸の西岸に位置し、偏西風の影響を受ける地域が多い。

問15 フェーン現象(the Foehn phenomenon)に関する記述として最も適当なものを，次の①～④の中から一つ選びなさい。　21

① 山脈に挟まれた地形の影響で強くて冷たい北風が吹く。
② 背後の山岳地帯で冷やされた空気が，重力によって海側の斜面を勢いよく吹き降りる。
③ 湿った空気が山を越えて，乾いた暖かい風となって吹き降りる。
④ 砂漠から高温で乾燥した風が吹く。

問16 アパラチア炭田(Appalachian coal region)は石炭の埋蔵量が多く，アメリカを代表する炭田である。アパラチア炭田の位置を，図中の①～④の中から一つ選びなさい。　22

問17 次の表は2020年における，ドイツ・インドネシア・ブラジル・日本の農産物自給率を示している。日本に当てはまるものを，次の①～④の中から一つ選びなさい。

23

(単位：%)

	米	小麦	とうもろこし
A	95	14	0
B	105	51	147
C	94	0	96
D	0	134	54

『世界国勢図絵23/24』より作成

① A
② B
③ C
④ D

問18 次の三角図は，2020年における日本，中国(China)，ケニア(Kenya)，インド(India)の産業別就業人口構成比(%)を示したものである。インドに当てはまるものとして最も適当なものを，次の三角図中の①〜④の中から一つ選びなさい。 24

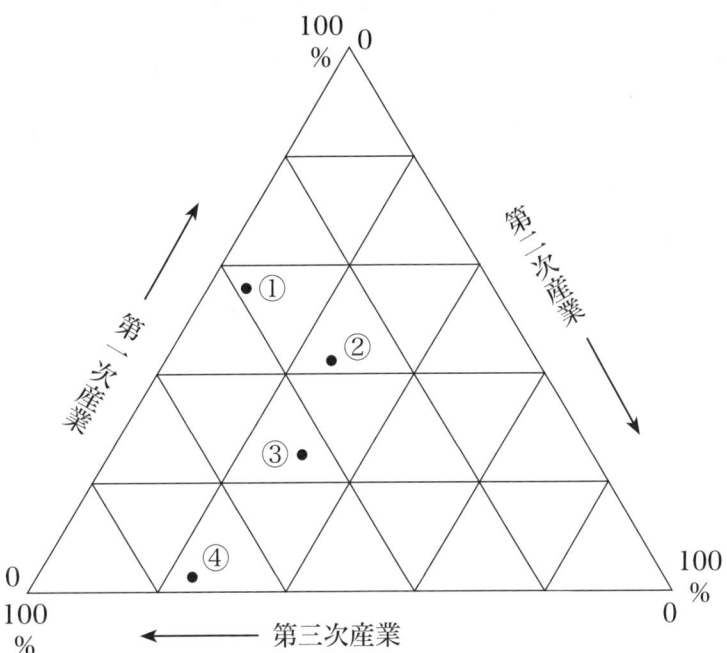

『データブック オブ・ザ・ワールド 2023』より作成

問19 「基本的人権の保障」とともに近代市民社会の根幹をなす概念として「法の支配」が挙げられる。「法の支配」に関する記述として最も適当なものを，次の①～④の中から一つ選びなさい。　25

① 法的根拠に基づく行政権力の行使を重視する考え方であり，ドイツの近代化過程で発展した。
② 国家を一つの法人とみなし，君主，議会，裁判所などの機関は国家の一部であるという考え方である。
③ 人権を保障する法のもとで権力が行使されなければならないという原則である。
④ 権力の行使は，国民の代表である議会が制定した法律に従って行われなければならないという原則である。

問20 次の文章中の空欄　a　に当てはまる人物として最も適当なものを，次の①～④の中から一つ選びなさい。　26

　a　は近代社会における合法的支配の典型として官僚制に注目した。官僚制は，明確な規則や手続きに基づいて運営され，効率性や予測可能性を特徴とする。一方で，官僚制は非人間的で柔軟性に欠けるという弊害も指摘している。

① ジェレミー・ベンサム(Jeremy Bentham)
② マックス・ウェーバー(Max Weber)
③ カール・マルクス(Karl Marx)
④ エドマンド・バーク(Edmund Burke)

問21 日本の国会に関する記述として最も適当なものを，次の①～④の中から一つ選びなさい。　27

① 日本国憲法の公布以来，議員定数が変更されたことはない。
② 国政に関する調査のために，証人の出頭や記録の提出を求めることができる。
③ 弾劾裁判所を設置して，国務大臣を罷免することができる。
④ 本会議や委員会は，公開で行うことが義務付けられている。

問22 世界で初めて自然権を成文化し，アメリカ独立宣言に影響を与えたものとして最も適当なものを，次の①～④の中から一つ選びなさい。　28

① フランス人権宣言(French Declaration of Human Rights)
② 権利の章典(Bill of Rights)
③ バージニア権利章典(Virginia Declaration of Rights)
④ ワイマール憲法(Weimar Constitution)

問23 日本国憲法に定められた刑事手続における被疑者・被告人の人権に関する記述として**適当ではないもの**を，次の①～④の中から一つ選びなさい。　29

① 警察や検察の取り調べで，自分に不利益なことを話さなくても良い。
② 自白だけが唯一の証拠であれば，有罪とされたり，刑罰を受けたりすることはない。
③ 弁護人依頼権を有するが，裁判所が必要ないと判断した場合は，弁護人をつけないこともある。
④ 被告人の自白は，強制によって得られたものであれば，証拠として扱われない。

問24 地方公共団体の長が持つ権限として最も適当なものを，次の①〜④の中から一つ選びなさい。　30

① 監査請求権
② 条例の制定・改定・廃止権
③ 決算の審査権
④ 条例や予算案の議会提出権

問25 民族問題に関する記述として最も適当なものを，次の①〜④の中から一つ選びなさい。　31

① ロシア領内に存在するケベック(Quebec)州は，1994年，1999年と二度にわたり独立を求め武装蜂起した。
② ベルギー(Belgium)北部のフランドル(Flanders)地域と南部のワロン(Wallonia)地域の対立の原因は，第一次世界大戦時における秘密協定にある。
③ 旧ユーゴスラヴィア(Yugoslavia)を構成していたマケドニア(Macedonia)は，ほかの構成国とくらべ，比較的平和的に独立を達成した。
④ 2017年，スペインから独立を求めるバスク(Basque)地方で住民投票が行われ，賛成が反対を上回った。

問26 核兵器に関する条約についての記述として最も適当なものを，次の①〜④の中から一つ選びなさい。　32

① 核兵器不拡散条約(NPT)は，すべての締約国による核兵器の製造および取得を禁止している。
② 部分的核実験禁止条約(PTBT)は，大気圏内，宇宙空間，水中での核実験を禁止している。
③ 核兵器禁止条約(TPNW)は，日本が主導して結ばれた条約で核兵器の開発，実験，生産，製造，取得，保有，貯蔵，移譲，使用とその威嚇までを包括的に禁止している。
④ 包括的核実験禁止条約(CTBT)は核兵器の実験的爆発およびその他の核爆発を禁止する条約で1996年発効された。

問27 19世紀における中南米諸国の独立に関する記述として最も適当なものを，次の①〜④の中から一つ選びなさい。　33

① メキシコ(Mexico)は，中南米地域で最初の独立国となった。
② アメリカは，ヨーロッパ(Europe)諸国とともに独立運動を弾圧した。
③ ブラジルやアルゼンチン(Argentina)など，南米大陸の国はスペインより独立した。
④ 独立の中心となったのは，植民地生まれの白人であるクリオーリョ(creole)であった。

問28 第一次世界大戦後の国際情勢に関する記述として最も適当なものを，次の①～④の中から一つ選びなさい。　34

① 東南アジア(South East Asia)諸国は，帝国主義の進展のもと，すべての国が列強の植民地となった。
② 連合国側で参戦した日本は戦勝国として国際的地位が向上した。
③ アフリカ(Africa)では民族主義思想が広まり，リビア(Libya)やアルジェリア(Algeria)などが独立を果たした。
④ 植民地支配が強まったインドでは，シパーヒー(Sipahi)と呼ばれた傭兵による反乱が起こった。

問29 民族自決権とは，国際法上の概念であり，民族が自らの政治的地位を自由に決定する権利をいう。民族自決権を唱えた人物として最も適当なものを，次の①～④の中から一つ選びなさい。　35

① マーティン・ルーサー・キング(Martin Luther King, Jr)
② ウッドロウ・ウィルソン(Woodrow Wilson)
③ アドルフ・ヒトラー(Adolf Hitler)
④ F.ルーズベルト(F.Roosevelt)

問30 ソ連崩壊に関する記述として最も適当なものを，次の①〜④の中から一つ選びなさい。　36

① ソ連が解体することで完全に冷戦は終わり，その後ドイツでも「ベルリンの壁(Berlin Wall)」が崩壊した。
② チェチェン(Chechnya)はソ連崩壊とともに独立を果たし，共和国を樹立した。
③ リトアニア(Lithuania)・ラトビア(Latvia)・エストニア(Estonia)は連携して「人間の鎖」を形成し，独立を訴えた。
④ アフガニスタン(Afghanistan)では「ビロード革命(Velvet Revolution)」と言われる暴力なき革命によって民主化が実現した。

問31 オスマン帝国とトルコに関する事件A〜Dを年代順に並べたものとして正しいものを，次の①〜④の中から一つ選びなさい。　37

　A：青年トルコ革命(Young Turk Revolution)
　B：トルコ共和国(Republic of Turkey)成立
　C：第一次世界大戦の終結
　D：クリミア戦争(Crimean War)の勃発

① A → B → C → D
② C → A → D → B
③ A → B → D → C
④ D → A → C → B

問32 1858年に締結された日米修好通商条約(Japan-US Treaty of Amity and Commerce)によって開港された港として正しいものを，次の①～④の中から一つ選びなさい。 38

① 新潟
② 鹿児島
③ 下関
④ 博多

第6回 模擬テスト

総合科目

80分

問1　次の文章を読み，下の問い(1)〜(4)に答えなさい。

　19世紀初頭，ナポレオン戦争(Napoleonic Wars)が終わり，ウィーン会議(Congress of Vienna)の決定によってオランダ王国(Kingdom of the Netherlands)が成立した。この時，₁オランダはベルギー(Belgium)との連合王国を形成したが，₂1830年のベルギー革命により，両国は分離することとなった。

　19世紀後半，オランダは産業革命の波に乗り，経済的な発展を遂げていった。また，この時期に₃インドネシア(Indonesia)を中心とした植民地経営も本格化し，オランダ東インド会社(Dutch East India Company)の伝統を引き継ぐ形で，アジア(Asia)での影響力を維持・拡大した。

　20世紀に入ると，オランダは₄第一次世界大戦において中立政策を採用し，直接的な戦闘を回避することに成功した。しかし，第二次世界大戦では，1940年にナチス・ドイツによる侵攻を受け，5年間の占領下に置かれることとなった。

(1) 下線部1に関し，オランダの首都であるアムステルダム(Amsterdam)の位置として正しいものを，次の①〜④の中から一つ選びなさい。　1

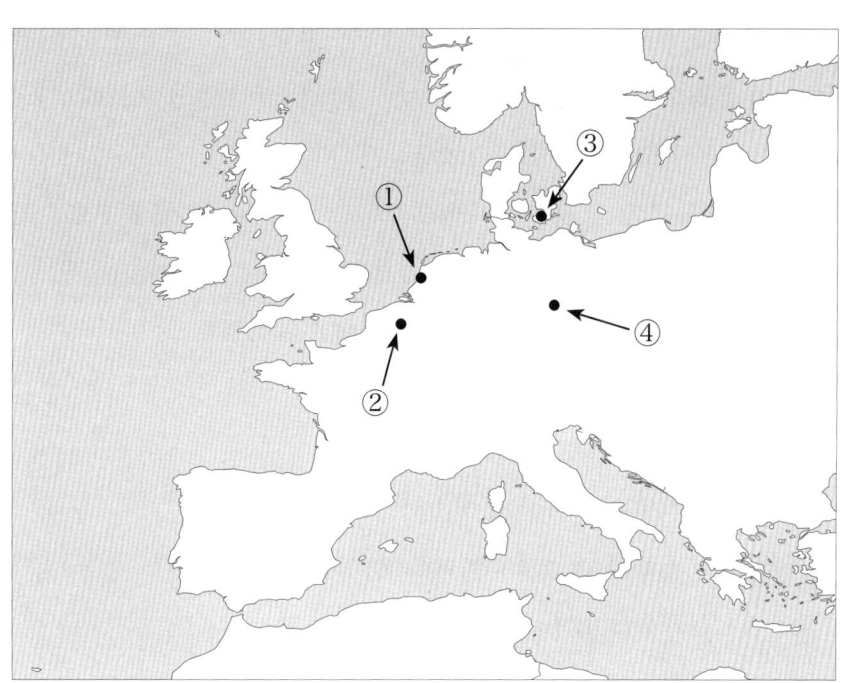

(2) 下線部2に関して，次の文章の空欄 a にはいる言葉として正しいものを，次の①〜④の中から一つ選びなさい。　2

　1830年，オランダ王国からベルギーが独立を果たした。この独立運動は，宗教的・言語的・経済的な対立を背景に発生した。特に，カトリック教徒が多数を占めるベルギー，プロテスタントが主流のオランダの間の宗教的対立が大きな要因となった。また，ベルギーの独立運動は，同年に起こった a の影響を強く受けており，自由主義的な思想の広がりがその原動力となった。この革命の結果，レオポルド1世(Leopold I)を初代国王とするベルギー王国が誕生した。

① イタリア統一運動(Italian Unification)
② ギリシャ独立戦争(Greek War of Independence)
③ アメリカ独立革命(American Revolution)
④ フランス七月革命(July Revolution)

(3) 下線部3に関し，19世紀インドネシアでは特定の換金作物の栽培を強要する「強制栽培制度」(Cultuur-stelsel)が実施された。「強制栽培制度」下で主に栽培が奨励された作物として最も適当なものを，次の①〜④の中から一つ選びなさい。　3

① とうもろこし
② コーヒー
③ 小麦
④ ジャガイモ

(4) 下線部 4 に関し，オランダと同様，第一次世界大戦において中立政策を行い，**参戦しなかった国**として最も適当なものを，次の①～④の中から一つ選びなさい。　4

① スペイン(Spain)

② ブルガリア(Bulgaria)

③ アメリカ(USA)

④ イタリア(Italy)

問2 次の会話を読み，下の問い(1)～(4)に答えなさい。

　₁メキシコ(Mexico)は1521年スペインの植民地となり，1810年から始まった独立戦争を通じて₂1821年に独立を果たした国である。1846年から48年まではアメリカとの戦争に敗れ，₃国土の約半分を失った。現在は豊富な資源を有し，1994年には₄北米自由貿易協定(NAFTA)を締結する一方，経済協力開発機構(OECD)にも中南米諸国で初の加盟を果たした。

(1) 下線部1に関して，メキシコの政治制度に関する記述として最も適当なものを，次の①～④の中から一つ選びなさい。　5

①　大統領を元首とする連邦共和制である。
②　国王を元首とする連邦共和制である。
③　州が存在しない連邦共和制である。
④　首相を元首とする連邦共和制である。

(2) 下線部2に関して，メキシコの独立以前にスペインから独立を果たしたアメリカ大陸の国家として正しいものを，次の①～④の中から一つ選びなさい。　6

①　アルゼンチン(Argentine)
②　ブラジル(Brazil)
③　プエルトリコ(Puerto Rico)
④　ハイチ(Haiti)

(3) 下線部3に関して，アメリカとの戦争で失った地域として適当なものを，次の①〜④の中から一つ選びなさい。　7

① フロリダ(Florida)
② ルイジアナ(Louisiana)
③ パナマ(Panama)
④ カリフォルニア(California)

(4) 下線部4に関して，北米自由貿易協定(NAFTA)は現在，USMCAと呼ばれる新協定に移行している。USMCAに関する記述として最も適当なものを，次の①〜④の中から一つ選びなさい。　8

① 単一市場を形成し，一部の加盟国では通貨統合も実現している。
② 超国家的な機関を有し，加盟国は一定の主権を委譲している。
③ 自由貿易協定であり，関税撤廃と非関税障壁の削減を目的とする。
④ 域内での人の自由な移動を保障している。

問3 ある国で，現在の市場均衡状態よりも高い水準に法定最低賃金を引き上げる政策が採用されたとする。下の図は，その国の労働市場における労働需要曲線および労働供給曲線を示している。この政策がもたらすと予想される効果について最も適当なものを，次の①〜④の中から一つ選びなさい。 9

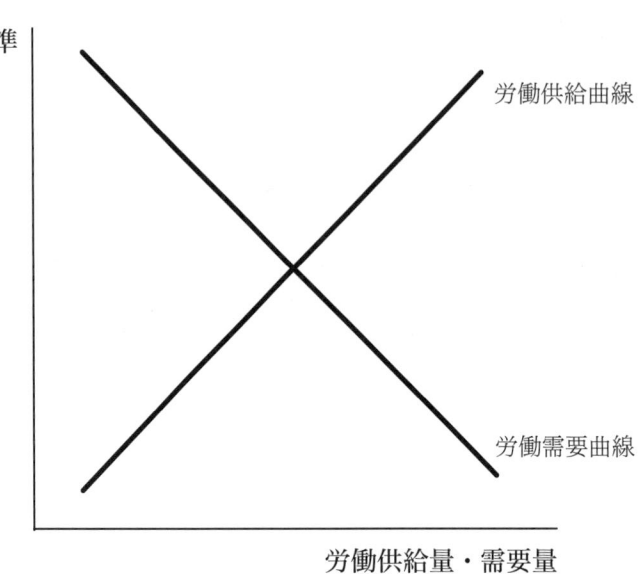

① 労働供給が増加し，失業が解消される。
② 労働需要が減少し，失業が増加する可能性がある。
③ 労働供給と労働需要が均衡し，完全雇用が実現する。
④ 労働生産性が向上し，企業の収益が増加する。

問4　中央銀行が金融緩和政策を実施する際の手段として最も適当なものを，次の①～④から一つ選びなさい。　10

① 民間金融機関が所有する国債を中央銀行が買い取ること
② 金融機関に義務付けられている預金準備率を上昇させること
③ 外国為替市場で自国通貨を購入し，外貨を売却すること
④ 中央銀行が民間金融機関に資金を貸し出す際の基準金利を引き上げること

問5　次の表は日本・ロシア(Russia)・アメリカ・イギリス(UK)における対外純資産を表している。対外純資産とは，ある国の対外資産(外国に対する債権)から対外負債(外国に対する債務)を引いたものである。アメリカに該当するものを，次の①～④の中から一つ選びなさい。　11

(単位：兆円)

国	2018	2019	2020	2021	2022
A	341.6	364.5	357	411.2	418.6
B	41.1	38.9	52.3	55.2	102.2
C	-20.1	-79.9	-88.9	-113.7	-43
D	-1,077.00	-1,199.40	-1,460.40	-2,067.30	-2,137.90

財務省「本邦対外資産負債残高」より作成。各年末の為替レートによる円換算。

① A
② B
③ C
④ D

問6 カルテルの目的や影響として**適当ではないもの**を，次①～④の中から一つ選びなさい。　　12

① 参加企業の利益の増大
② 消費者余剰の減少
③ 生産量の増大
④ 市場における競争の制限

問7 次の表は2023年の当初予算における国税の税目別収入を表している。A～Dに当てはまる項目の組み合わせとして最も適当なものを，次の①～④の中から一つ選びなさい。　　13

(単位：%)

A	31.4
B	28.3
C	19.6
D	3.7
その他	4.9
酒税	1.6
たばこ税	1.3
揮発油税	2.7

『日本国勢図絵24/25』より作成

	A	B	C	D
①	消費税	法人税	所得税	相続税
②	所得税	相続税	消費税	法人税
③	消費税	所得税	法人税	相続税
④	所得税	消費税	法人税	相続税

問8 戦後,日本は連合国軍最高司令官総司令部(GHQ／SCAP)の占領下で激しいインフレーションが発生した。その背景として最も適当なものを,次の①～④の中から一つ選びなさい。 14

① 不足している社会資本などの拡充のため,政府は超均衡予算を執行した。
② 政府が発行した債券を日本銀行が引き受けた。
③ 日本銀行の低金利政策によって住宅ローンが増えた。
④ 中東での戦争を機に石油危機が発生した。

問9 次は文章は国家論に関するものである。空欄 a に入る人物として最も適当なものを,次の①～④の中から一つ選びなさい。 15

夜警国家とは政府の役割を軍事・外交・治安などの分野に限定した国家のことで, a が自由主義国家をブルジョア的私有財産の番人,夜中のガードマンになぞらえて批判したことに由来する。

① リカード(David Ricardo)
② マルクス(Karl Marx)
③ ラッサール(Ferdinand Lassalle)
④ ミルトン・フリードマン(Milton Friedman)

問10 次の表はイギリスとポルトガル(Portugal)における生産費を表している。この表に関する記述として最も適当なものを，次の①〜④の中から一つ選びなさい。

16

	ラシャ1単位の生産に必要な労働者数	ブドウ酒1単位の生産に必要な労働者数
イギリス	100人	120人
ポルトガル	90人	80人

① イギリスではラシャの，ポルトガルではブドウ酒の生産に絶対優位がある。
② イギリスはラシャ，ブドウ酒の生産ともにポルトガルに対して絶対優位である。
③ 1単位の生産に必要な労働者数を比べると，ポルトガルではラシャの生産に比較優位をもつ。
④ イギリスはラシャに特化した方が「国際分業の利益」が大きくなる。

問11 次の文章は1985年のプラザ合意に関する説明である。A〜Dの組み合わせとして正しいものを，次の①〜④の中から一つ選びなさい。

17

プラザ合意の前は1ドル＝ A 台だったレートが，翌年には1ドル＝ B 台までになった。これは，日本が輸入する商品の値段は C になり，日本が輸出する商品の値段は D になったことを意味する。

	A	B	C	D
①	120円	240円	2分の1	2倍
②	240円	120円	2分の1	2倍
③	240円	120円	2倍	2分の1
④	120円	240円	2倍	2分の1

問12 プライマリーバランス(基礎的財政収支)に関する記述として最も適当なものを，次の①～④の中から一つ選びなさい。　18

① プライマリーバランスは，国債費を含めた歳出と，国債発行収入を含めた歳入のバランスを示す指標である。
② プライマリーバランスが黒字であれば，国の債務残高が増加する可能性はない。
③ プライマリーバランスは，公債費を除いた歳出と，公債金収入を除いた歳入のバランスを示す指標である。
④ 日本のプライマリーバランスは，1990年代以降一度も赤字になったことがない。

問13 カトリック信者の割合が最も低く，プロテスタント信者の割合が最も高い国を，次の①～④の中から一つ選びなさい。　19

① アイルランド(Ireland)
② ギリシャ
③ フィンランド(Finland)
④ メキシコ(Mexico)

問14 次の図の中で鹿児島県に当てはまるものを，次の①〜④の中から一つ選びなさい。

20

問15 次は1990年から2020年における京浜工業地帯，中京工業地帯，阪神工業地帯，北九州工業地帯の製造品出荷額の推移を表している。阪神工業地帯に当てはまるものを，次の①～④の中から一つ選びなさい。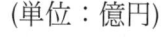

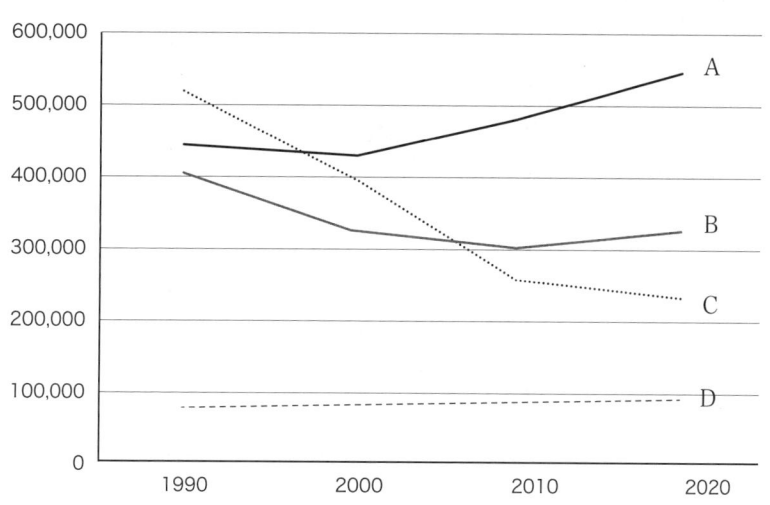

『日本国勢図絵24/25』より作成

① A
② B
③ C
④ D

問16 次のグラフはある都市のハイサーグラフである。その都市として最も適当なものを，次の①～④の中から一つ選びなさい。　22

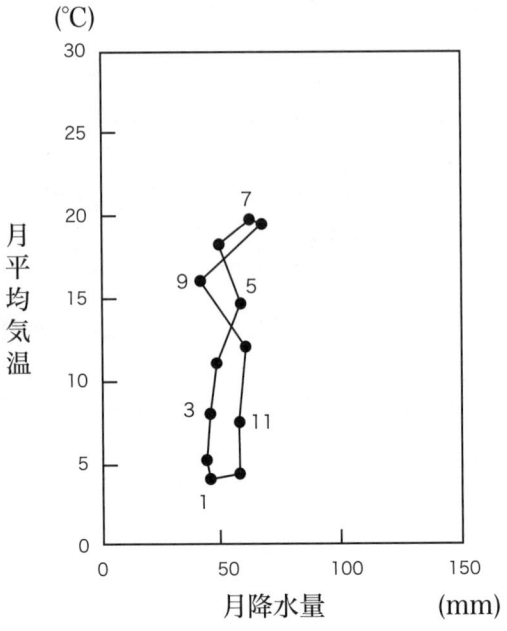

① ローマ(Rome)

② ニューヨーク(New York)

③ モスクワ(Moscow)

④ パリ(Paris)

問17 次の表は2021年におけるある農作物の生産上位4か国を示している。この作物として最も適当なものを，次の①～④の中から一つ選びなさい。 23

(単位：千トン)

エジプト	1,748
サウジアラビア	1,566
イラン	1,304
アルジェリア	1,189

『データブック・オブ・ザ・ワールド2025』より作成

注)エジプト(Egypt)　サウジアラビア(Saudi Arabia)
　　イラン(Iran)　アルジェリア(Algeria)

① なつめやし

② カカオ

③ 大豆

④ 大麦

問18 次の表は2022年におけるアメリカ・日本・イギリス・スウェーデン(Sweden)の政府開発援助(ODA)の実績を示している。正しい組み合わせを，次の①～④の中から一つ選びなさい。　24

(単位：百万ドル)

	金額	GNI比(%)
A	60,522	0.23
B	17,500	0.39
C	15,762	0.51
D	5,458	0.89

「世界国勢図絵24/25」より作成

	A	B	C	D
①	アメリカ	スウェーデン	イギリス	日本
②	アメリカ	日本	イギリス	スウェーデン
③	日本	イギリス	スウェーデン	アメリカ
④	日本	アメリカ	イギリス	スウェーデン

問19 人身の自由を守るために日本国憲法で規定されている内容として最も適当なものを，次の①〜④の中から一つ選びなさい。　25

① 令状主義の原則は例外がなく，緊急時であっても令状なしの逮捕や捜索は違法とされる。
② 適正手続の原則は刑事裁判においてのみ適用される原則であり，行政手続には適用されない。
③ 黙秘権を行使すると自動的に有罪と推定されるため，被疑者・被告人は常に取調べに応じる義務がある。
④ 無罪推定の原則により，検察側に立証責任が課され，合理的な疑いを超える証明がない限り被告人は無罪とされる。

問20 国際的な人権保障の発展に関する記述として最も適当なものを，次の①〜④の中から一つ選びなさい。　26

① 1948年に国連総会で採択された世界人権宣言に法的拘束力はないが，1966年の国際人権規約は法的拘束力のある国際文書として成立した。
② 日本は憲法で既に男女平等を保障しているため，1979年の女子差別撤廃条約には批准していない。
③ 死刑廃止条約は1989年に国連総会で採択され，日本はこの条約に署名し，2000年には批准もしている。
④ 1951年に締結された難民の地位に関する条約は第二次世界大戦後のヨーロッパ(Europe)における難民問題を背景に採択され，経済的な理由で移住する人々の救済を義務付けている。

問21 日本の労働基準法の第1条では労働条件を「労働者が a を営むための必要を充たすべきものでなければならない」としている。空欄 a に当てはまる語として最も適当なものを，次の①〜④の中から一つ選びなさい。　27

① 経済的な自由
② 人たるに値する生活
③ 個人として尊重される生活
④ 平等な生活

問22 日本の裁判員制度に関する記述として最も適当なものを，次の①〜④の中から一つ選びなさい。　28

① 裁判員裁判は，すべての刑事裁判で実施されている。
② 裁判員は6名の一般市民と3名の職業裁判官で構成され，全会一致の評決が必要である。
③ 裁判員の任期は1年間で，その間に複数の事件の審理に参加することが義務付けられている。
④ 裁判員は，被告人の有罪・無罪の判断だけでなく，有罪の場合の量刑についても職業裁判官と共に決定する。

問23 国政調査権に関する記述として最も適当なものを，次の①〜④の中から一つ選びなさい。　29

① 衆議院のみが行使する権限を持っている。
② 必要に応じて住居内の捜索，証拠品の押収などを通じて情報の収集ができる。
③ 証人喚問や記録の提出を求めることができる。
④ 裁判中の事件に対して行われることが多い。

問24 世界各国の政治制度に関する記述として最も適当なものを，次の①〜④の中から一つ選びなさい。　30

① フランス(France)は半大統領制を採用しており，大統領が行政府の長であると同時に，国民による直接選挙で選ばれた首相が内閣を率いる。

② ドイツ (Germany)は連邦制で議院内閣制を採用しており，連邦議会で選出された連邦首相が行政府の長として実権を握り，連邦大統領は主に儀礼的な役割を果たす。

③ オーストラリア(Australia)は共和制を採用しており，国民による直接投票によって選出された大統領が国家元首として君臨している。

④ アメリカでは，大統領が行政府の長であり立法府の長でもあるが，最高裁判所長官の任命には上院の承認が必要である。

問25 1972年，ストックホルム(Stockholm)では，「かけがえのない地球」のスローガンのもとで世界初の環境問題をテーマにした国連人間環境会議が開かれた。また，会議が行われた７０年代は，日本でも環境問題に対する対策が進んでいたが，７０年代に行われた日本の環境対策として正しいものを，次の①〜④の中から一つ選びなさい。　31

① 公害問題に対処するために，環境庁が設置された。
② 環境問題全般に対処するために，環境基本法が制定された。
③ 温室効果ガスの削減のために，京都議定書に署名した。
④ 資源の有効利用のために，循環型社会形成推進基本法が制定された。

問26 国際紛争に関する記述として**適当ではないもの**を，次の①〜④の中から一つ選びなさい。　32

① カシミール(Kashmir)地方を巡るインド(India)とパキスタン(Pakistan)の対立には，ヒンドゥー教徒とイスラム教徒の宗教的対立が背景にある。

② 北アイルランド(Northern Ireland)問題の根底には，カトリックとプロテスタントというキリスト教内部の宗派対立が存在していた。

③ イスラエルとパレスチナの紛争には，エルサレムなどの聖地の帰属を巡るユダヤ教とキリスト教の対立が主要因となっている。

④ 旧ユーゴスラビア(Yugoslavia)のボスニア・ヘルツェゴビナ(Bosnia and Herzegovina)で起きた内戦は，主にセルビア(Serbia)人とクロアチア(Croatia)人およびイスラム教徒の対立に起因している。

問27 1854年に締結された日米和親条約に関する記述として最も適当なものを，次の①〜④の中から一つ選びなさい。　33

① 幕府がこの条約を締結したのは，オランダ国王からの助言を受けてのことだった。

② この条約には，横浜に新しい貿易港を開設することが明記されていた。

③ この条約では，日本が貿易において関税率を自由に決めることができないとされていた。

④ アメリカ合衆国の艦隊が日本に来航し，この条約の締結を幕府に強く求めた。

問28 次の文章を読み，文章中の空欄 a に当てはまる国名として正しいものを，次の①〜④の中から一つ選びなさい。 34

帝国主義時代， a は東西からイギリスとフランスが勢力を拡大し続け，植民地化される危機にさらされた。しかし，イギリスとフランスは直接的な対決を回避し， a 一部を緩衝地域とすることに合意した。

① エチオピア(Ethiopia)
② スーダン(Sudan)
③ タイ(Thailand)
④ アルジェリア(Algeria)

問29 1930年代の世界恐慌は，各国の経済政策と国際関係に大きな影響を与えた。その時期に関する記述として最も適当なものを，次の①〜④の中から一つ選びなさい。 35

① アメリカでは，フーヴァー（Herbert Hoover）政権のもとで積極的な財政支出が行われ，失業者の救済と景気回復が図られた。
② ソ連(USSR)は，世界恐慌の影響を回避するために，農業の民営化を進めた。
③ イギリスは，オタワ(Ottawa)会議をきっかけに関税特恵制度を導入し，植民地との経済的結びつきを強化した。
④ ドイツは，軍備を縮小するなど財政支出を抑える政策によって，景気回復を目指した。

問30 ロシア革命(Russian Revolution)に関する記述として最も適当なものを，次の①〜④の中から一つ選びなさい。　36

① 1905年の「血の日曜日事件」をきっかけに，ボリシェヴィキ(Bolsheviks)が政府を打倒し，ソヴィエト(Soviet)政権を樹立した。
② スターリン(Joseph Stalin)は，内戦中の1921年に新経済政策(NEP)を導入し，一部の資本主義的要素を認めることで経済の立て直しを図った。
③ 革命後に成立した臨時政府は，第一次世界大戦からの即時撤退を決定した。
④ レーニン(Vladimir Lenin)が率いるボリシェヴィキは，ペトログラード(Petrograd)で臨時政府を打倒する十月革命を起こした。

問31 セオドア・ルーズベルト(Theodore Roosevelt)の業績として最も適当なものを，次の①〜④の中から一つ選びなさい。　37

① 「ニューディール」という積極的な経済政策を行った。
② 奴隷解放宣言によって黒人の奴隷を解放した。
③ 不当なトラストに対してシャーマン法を発動し，企業の集中化をけん制した。
④ 14か条からなる平和原則を発表し，国際秩序の構想を全世界に提唱した。

問32 次のA〜Dは，1945年前後の出来事である。出来事A〜Dを年代順に並べたものとして正しいものを，次の①〜④の中から一つ選びなさい。　38

  A：サンフランシスコ講和会議(San Francisco Peace Conference)
  B：広島への原爆投下
  C：大西洋憲章(Atlantic Charter)の発表
  D：国際連合(UN)の設立

① B → A → C → D
② B → C → D → A
③ C → B → D → A
④ C → A → D → B

(memo)

第7回

模擬テスト

総合科目

80分

問1　次の文章を読み，下の問い(1)〜(4)に答えなさい。

　　かつて₁広大な領土を支配したオスマン帝国(Ottoman Empire)は，19世紀末から20世紀初頭にかけて衰退の一途をたどっていた。第一次世界大戦(WWI)ではオスマン帝国はドイツ帝国(German Empire)側につき，敗戦国となった。敗戦後，連合国軍は帝国の首都である₂イスタンブール(Istanbul)を占領し，スルタン(Sultan)は連合国の傀儡となった。この状況に反発したムスタファ・ケマル(Mustafa Kemal)は民族主義運動を組織し，₃アンカラ(Ankara)を拠点にトルコ民族による抵抗運動を展開した。1923年には₄トルコ共和国(Republic of Turkey)が成立し，ケマルは初代大統領となった。彼はその後「アタテュルク(Atatürk)」という姓を名乗り，西洋化政策を推進していくこととなる。

(1) 下線部1に関し，過去にオスマン帝国の支配下にあった現在の地域を，次の①〜④の中から一つ選びなさい。　　　　　　　　　　　　　　　　　　　　　　　　　　1

　　① ポーランド(Poland)
　　② オーストリア(Austria)
　　③ ケニア(Kenya)
　　④ ギリシア(Greece)

(2) 下線部2に関し，イスタンブールのハイサーグラフとして最も適当なものを，次の①〜④の中から一つ選びなさい。　2

①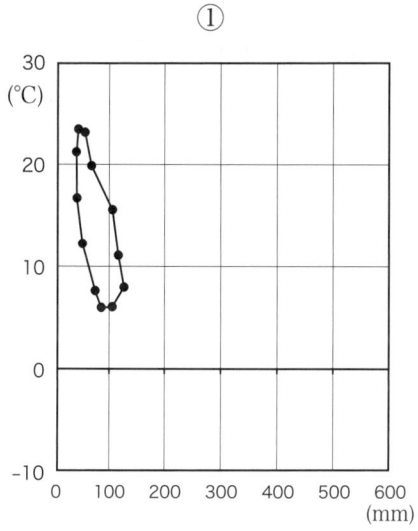

②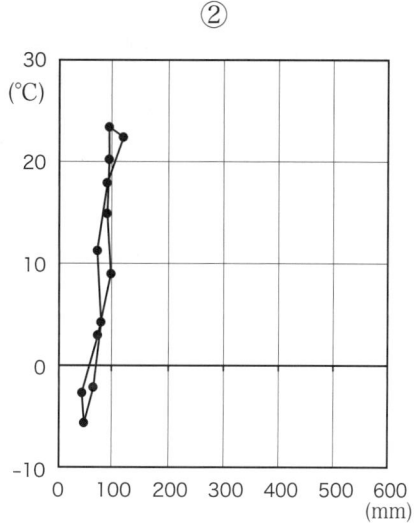

③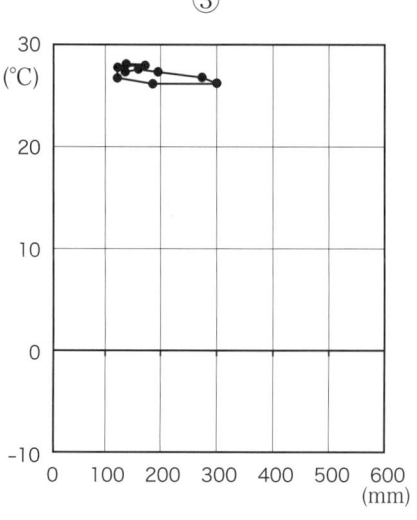

④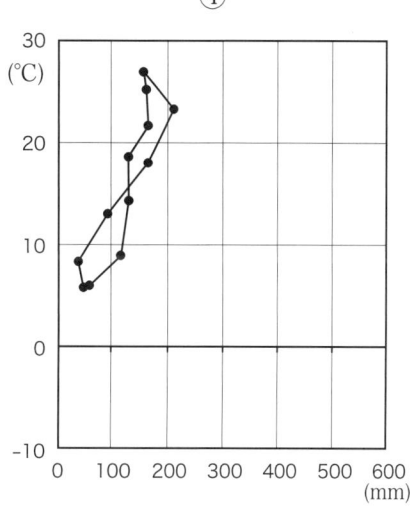

(3) 下線部3に関し、アンカラの位置を、図の①〜④の中から一つ選びなさい。　3

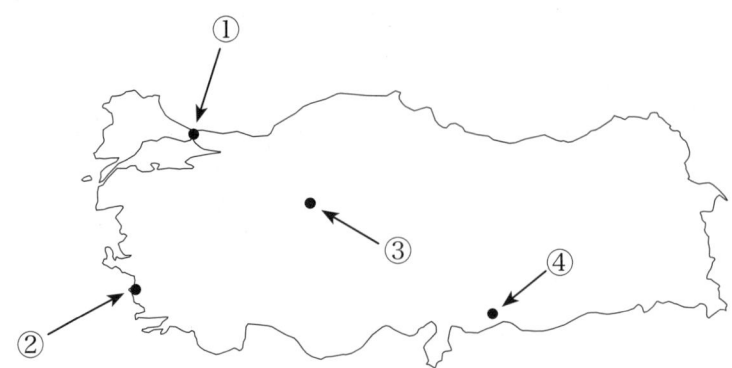

(4) 下線部4に関して、現在のトルコ共和国が加盟している国際的な組織の組み合わせとして最も適当なものを、次の①〜④の中から一つ選びなさい。　4

① ヨーロッパ連合(EU)と北大西洋条約機構(NATO)の両方に加盟している。

② ヨーロッパ連合(EU)には加盟していないが、北大西洋条約機構(NATO)には加盟している。

③ ヨーロッパ連合(EU)には加盟しているが、北大西洋条約機構(NATO)には加盟していない。

④ ヨーロッパ連合(EU)と北大西洋条約機構(NATO)のいずれにも加盟していない。

問2 次の会話を読み，下の問い(1)～(4)に答えなさい。

　　18世紀の初め，₁ドイツ(Germany)からイギリス(UK)国王となったジョージ1世(George I)は，英語を使いこなせなかったため，₂イギリス問題に興味がなかった。そのため，国王に代わって閣僚の一人が閣議を主導したが，それが首相である。初代の首相になったのはウォルポール(Robert Walpole)であり，この時期から新しい₃政治制度が始まったといえる。政府は依然として国王の道具にすぎなかったが，ウォルポールは議会でも影響力を保持するために，₄下院の議席を持ち続けた。そして，1742年に下院がウォルポール支持を拒否したとき，彼は国王の信任をうけていたにもかかわらず，その職を辞した。

(1) 下線部1に関し，現在のドイツの主な輸出品の組み合わせとして最も適当なものを，下の①～④の中から一つ選びなさい。　　5

①　原油・自動車・集積回路
②　航空機・医薬品・食品製品
③　自動車・機械・医薬品
④　医薬品・精密機械・貴金属

(2) 下線部2に関して，次の表は2023年におけるイギリス・アメリカ(USA)・サウジアラビア(Saudi arabia)・フィンランド(Finland)の貿易依存度を示している。イギリスに当てはまるものを，次の①～④の中から一つ選びなさい。 6

	貿易依存度(%)	
	輸出	輸入
A	30.2	19.8
B	7.4	11.6
C	15.6	23.7
D	27.4	27.4

『データブック・オブ・ザ・ワールド2024』より作成

① A
② B
③ C
④ D

(3) 下線部3に関し，主な国家の政治制度に関する記述として最も適当なものを，次の①～④の中から一つ選びなさい。 7

① カナダ(Canada)は立憲君主制であり，イギリス国王が国家元首である。
② フランス(France)の大統領は議会の多数派から任命される。
③ ドイツでは国民による直接投票で首相が選出される。
④ オーストラリア(Australia)では大統領が行政府の長であり，議会に対して解散権を持つ。

(4) 下線部4に関し，イギリスの下院(庶民院)に関する記述として**適当ではないもの**を，次の①〜④の中から一つ選びなさい。　　　8

① 財政法案の審議において先議権を有している。

② 上院と同様に本会議中心主義で運営されている。

③ 立法の役割において上院に優越する。

④ 小選挙区制と比例代表制を並立し，全議員の3分の1ずつが改選される。

問3　次は資金の貸付市場における需要供給曲線である。次のように供給曲線が移動する原因として適当なものを，次の①〜④の中から一つ選びなさい。　9

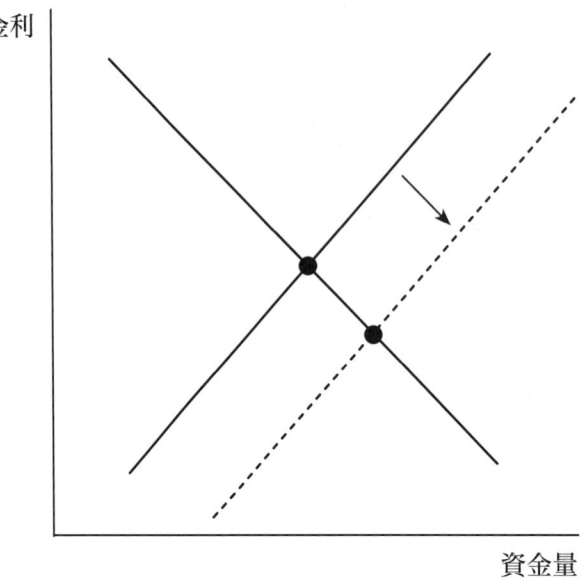

① 中央銀行が買いオペレーションを行った。

② 中央銀行が金融引き締め政策を行った。

③ 政府が法人税を引き上げた。

④ 企業による設備投資が活発になった。

問4 市場の失敗とは，市場メカニズムが効率的な資源配分を実現できない状態を指し，政府の介入が必要とされる。次のA〜Dの中で市場の失敗の事例に該当するものを，次の①〜④の中から一つ選びなさい。 10

  A：工場が河川に排水を流し，下流域での漁業に被害を与える。
  B：複数の漁業者が共有地である海域で過剰に漁をし，水産資源が枯渇する。
  C：保険会社が被保険者の健康状態について十分な情報を持たないため，高リスク者ほど保険に加入する。
  D：電力会社が送電網を独占的に所有し，新規参入者を排除して価格を引き上げる。

① A, B
② A, C
③ B, C, D
④ A, B, C, D

問5 現代の株式会社に関する記述として最も適当なものを，次の①〜④の中から一つ選びなさい。 11

① 初期の株式会社では富裕層の個人が大株主であると同時に経営者でもあったが，現代では所有と経営が分離する傾向がある。
② 日本の中小企業では，経営者が株主となることは稀であり，ほとんどの場合，専門経営者が会社を運営している。
③ 株式会社の経営は株主が直接参加する株主総会で日常的に行われており，専門経営者の役割は限定的である。
④ 現代の株式会社では，個人株主の割合が増加し，法人株主の持株比率は減少傾向にある。

問6 ある国では，今年度の名目GDPが108億ドル，前年度の名目GDPが100億ドルであり，物価水準は20%上昇した。今年度の実質経済成長率として最も適当な値を，次の①〜④の中から一つ選びなさい。　12

① 　8％
② 　10％
③ 　-10％
④ 　-20％

問7 第一次所得収支と第二次所得収支に関する説明として最も適当なものを，次の①〜④の中から一つ選びなさい。　13

① 海外資産の売却益は，第一次所得収支に含まれ，黒字の主な要因となる。
② 海外で勤務する駐在員が受け取る給与は，第二次所得収支の黒字の主な要因となる。
③ 外国債券の利子収入は，第一次所得収支に含まれ，黒字の要因となる。
④ 国際機関への拠出金や無償援助などの政府支出が少ない国ほど，第一次所得収支は黒字となりやすい。

問8 次のグラフは1928年を基準年(指数=100)として，アメリカ・ソ連(USSR)・ドイツ・日本の工業生産の相対的な変化を示している。国名の組み合わせとして最も適当なものを，次の①～④の中から一つ選びなさい。　14

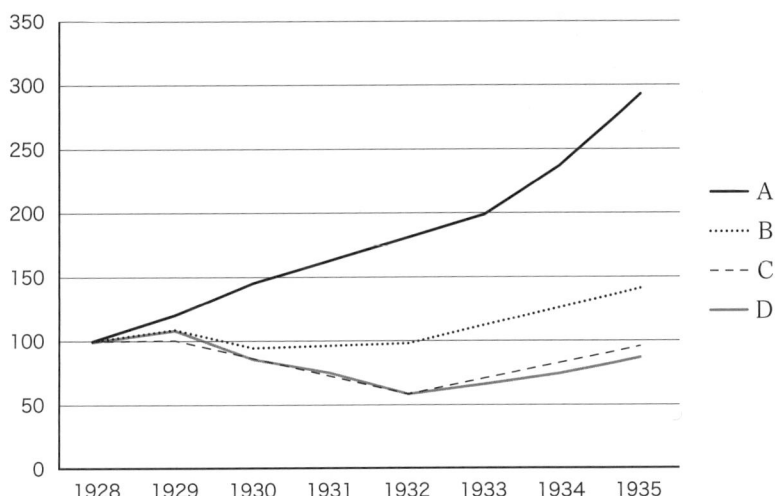

『国際連盟の統計年鑑』より作成

	A	B	C	D
①	ドイツ	アメリカ	ソ連	日本
②	日本	ドイツ	アメリカ	ソ連
③	ソ連	日本	ドイツ	アメリカ
④	アメリカ	ソ連	日本	ドイツ

問9 円安が日本社会に及ぼす影響として**適当ではないもの**を，次の①〜④の中から一つ選びなさい。　15

① 日本への投資が増える。
② 訪日海外旅行客が増加する。
③ 日本の輸出企業の利益は上昇する。
④ 日本の電気代が下がる傾向がある。

問10 日本とアメリカの医療保険制度に関する記述として最も適切なものを，次の①〜④の中から一つ選びなさい。　16

① アメリカでは公的医療保険と民間医療保険が並立しており，すべての国民に公的医療保険への加入が義務付けられている。
② アメリカには公的医療保険制度は存在せず，国民は民間医療保険に加入することが法律で義務付けられている。
③ 日本ではすべての国民に公的医療保険への加入が義務付けられているが，受診時には医療費の一部を自己負担する必要がある。
④ 日本では公的医療保険と民間医療保険が対等に並立しており，国民はどちらかを選択して加入することができる。

問11 日本銀行に関する記述として最も適当なものを，次の①〜④の中から一つ選びなさい。　17

① 日本銀行は1945年の終戦後に連合国軍最高司令官総司令部(GHQ/SCAP)の指導によって設立され，戦後の日本経済復興に貢献した。
② 日本銀行は2010年代から物価上昇率目標を達成するため，国債を大量に購入する金融緩和政策を実施した。
③ 日本銀行は政府機関であり，財務省の一部局として国の財政政策と金融政策を一体的に運営している。
④ 日本銀行の政策委員会は国会によって任命される委員で構成され，すべての決定は財務大臣の承認が必要となる。

問12 次の文章を読み，文章中の空欄 a に入る内容として最も適当なものを，次の①〜④の中から一つ選びなさい。　18

　日本の労働基準法は1947年に制定され，労働者の権利保護を目的としている。この法律は日本国憲法第27条の勤労の権利および義務，第28条の労働基本権に基づいている。労働基準法では， a が規定されており，これに違反した使用者は罰則の対象となる。この規定は労働者の健康と生活を守るための重要な制度として機能している。

① 年功序列と終身雇用の義務
② 労働組合の設立と団体交渉の手続き
③ 労働時間の上限と最低賃金の保障
④ 企業の労働分配率の下限

問13 ヨーロッパ連合は，1951年署名のパリ条約（Treaty of Paris）によって設立された欧州石炭鉄鋼共同体を起源としている。原加盟国は6か国であったがその後，拡大が繰り返されてきた。その過程で加盟国は27国まで増えてきたが，中には国民の反対によって加盟できなかった国もある。国民投票で否決され，加盟を果たせなかった国を，次の①～④から一つ選びなさい。 19

① オランダ(Netherlands)
② ノルウェー(Norway)
③ スウェーデン(Sweden)
④ スペイン(Spain)

問14 次の表は鉄鉱石と石炭の輸出量上位5か国を示している。表中のaとbに当てはまる国名の組み合わせとして最も適当なものを，①〜④から一つ選びなさい。 20

	鉄鉱石の輸出	石炭の輸出
1位	a	インドネシア
2位	b	a
3位	南アフリカ	ロシア
4位	カナダ	アメリカ
5位	ウクライナ	南アフリカ

注）鉄鉱石は2022年，石炭は2021年のデータである。

『データブック・オブ・ザ・ワールド2025』より作成

	a	b
①	中国	オーストラリア
②	中国	ブラジル
③	オーストラリア	ブラジル
④	オーストラリア	中国

注）インドネシア（Indonesia），南アフリカ（South Africa）
ロシア（Russia），ウクライナ（Ukraine）
中国（China），ブラジル（Brazil）

問15 次の地形図から読み取れる内容として最も適当なものを，次の①～④の中から一つ選びなさい。

21

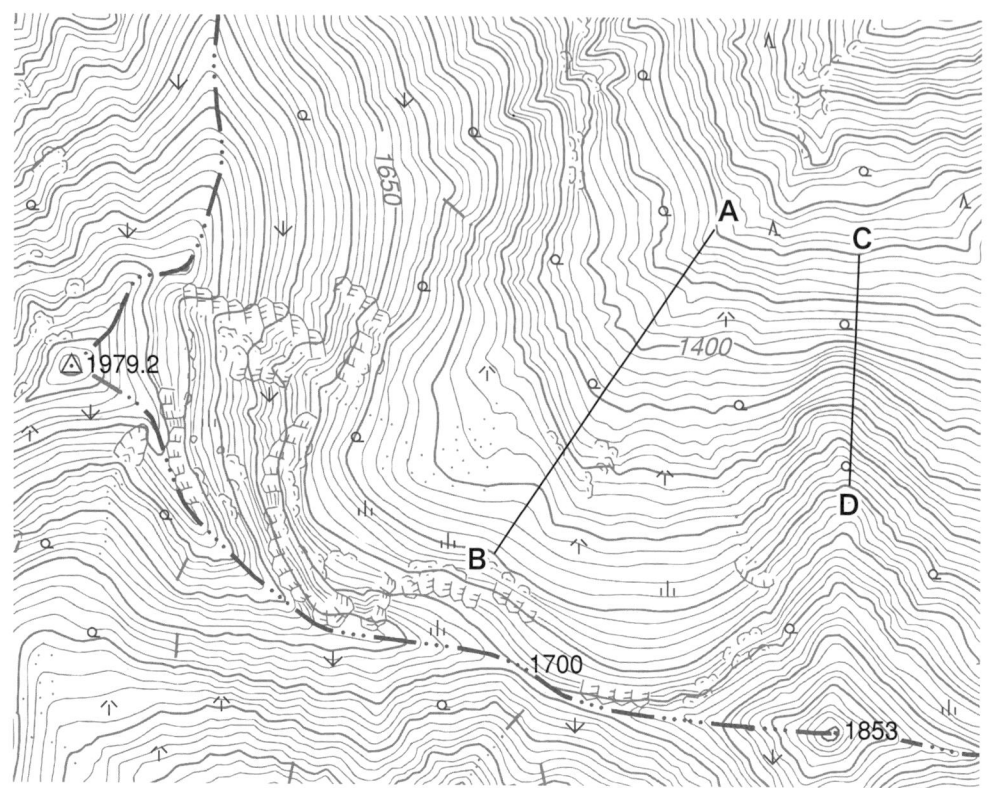

① 地点AとBを結ぶ直線の傾斜は，CとDを結ぶ直線における傾斜よりも急である。

② 地点Aの標高は約1200m，地点Bの標高は約1800mである。

③ 地点CとD間の標高差は，地点AとB間の標高差より小さい。

④ 地点AとB，CとDはどちらも同じく300mの高度差がある。

問16 次の図1は，ある地域の月平均気温と月平均降水量を示したものである。この気候が見られる地域として最も適切なものを，次の①～④の中から一つ選びなさい。

22

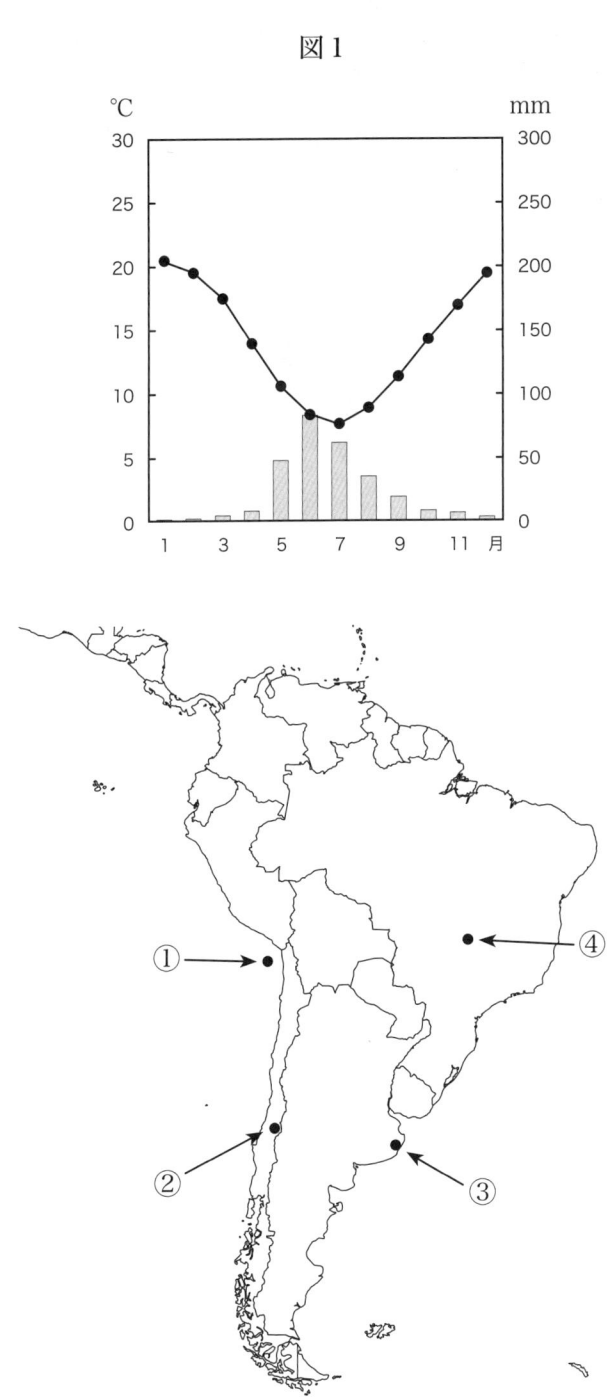

問17 湿った空気が山を越える際に風上で雨を降らせ，乾燥した暖かい風となって風下に吹き下ろす局地風が吹く場所として最も適当なものを，図の①～④の中から一つ選びなさい。 23

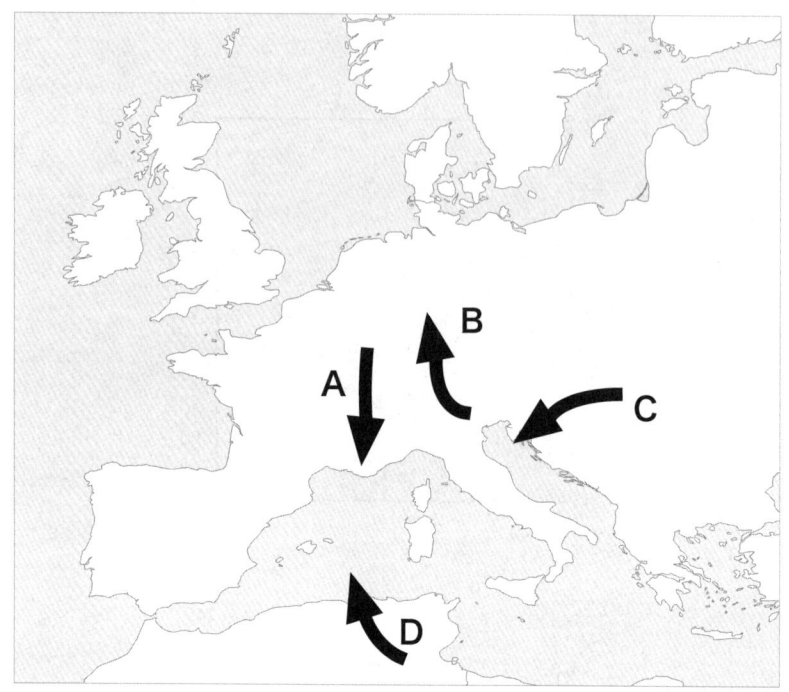

① A
② B
③ C
④ D

問18 アジア(Asia)のマレー半島(Malay Peninsula)にある都市シンガポール(Singapore)とアメリカ大陸西部のエクアドル(Ecuador)はほぼ対蹠点の関係にある。シンガポールからエクアドルまでの大圏コースの距離として正しいものを，次の①～④の中から一つ選びなさい。(地球の半径は約6,370km，赤道周長は約40,000kmである)

> 24

① 約6,370km

② 約12,740km

③ 約20,000km

④ 約40,000km

問19　次の表は2022年における日本の地域別の貿易割合を示している。A〜Dに入る地域の組み合わせとして最も適当なものを，次の①〜④の中から一つ選びなさい。

25

(単位：％)

	輸出	輸入
A	59.7	58.3
B	18.6	9.9
C	12.6	13.4
D	2.9	10.7

『日本国勢図絵2024/2025』より作成

	A	B	C	D
①	アジア	ヨーロッパ	北アメリカ	オセアニア
②	北アメリカ	オセアニア	ヨーロッパ	アジア
③	アジア	北アメリカ	ヨーロッパ	オセアニア
④	北アメリカ	ヨーロッパ	アジア	オセアニア

注）ヨーロッパ(Europe)，オセアニア(Oceania)

問20 日本の三権分立に関する記述として**適当ではないもの**を，次の①〜④の中から一つ選びなさい。 26

① 国会は，衆議院による不信任決議を通じて内閣を牽制することができる。
② 内閣は，衆議院に対する解散権を通じて国会に対抗する手段を持つ。
③ 内閣は，国政調査権を通じて国会の活動を監視することができる。
④ 裁判所は，違憲審査権を通じて，国会と内閣の権限行使を制限することができる。

問21 次の文章を読み，文章中の空欄 a に入る法律の名称として最も適当なものを，次の①〜④の中から一つ選びなさい。 27

　日本国憲法第25条には「すべて国民は，健康で文化的な最低限度の生活を営む権利を有する」と規定されている。この理念を具体化するために1950年 a が制定された。

① 生活保護法
② 個人情報保護法
③ 環境基本法
④ 国民年金法

問22 アメリカの大統領に関する記述として最も適当なものを，次の①～④の中から一つ選びなさい。　28

① 国民による直接選挙で選出される。
② 議会に対して立法などを勧告する教書送付権がある。
③ 任期は4年であるが二選は禁止している。
④ 法案拒否権を持つため，議会より優越であると憲法に明示されている。

問23 日本では選挙のたびに，有権者の一票の価値に格差が生じる「一票の格差」が問題となっている。A選挙区の有権者は60万人，議員定数が5人とした場合，A選挙区と最も「一票の格差」の大きい選挙区を，次の①～④の中から一つ選びなさい。　29

① 有権者数90万人で議員定数6人の地域
② 有権者数76万人で議員定数4人の地域
③ 有権者数84万人で議員定数3人の地域
④ 有権者数44万人で議員定数2人の地域

問24 日本の政治において戦後成立した「55年体制」に関する記述として最も適当なものを，次の①～④の中から一つ選びなさい。　30

① 55年体制は，1955年に日本社会党が左右に分裂し，自由民主党が結党されたことで始まった政治体制である。
② 55年体制下では，自由民主党と日本社会党が二大政党として政権を交互に担当する政治構造が確立した。
③ 55年体制は，吉田茂内閣の安定多数を背景に形成され，1960年の安保闘争によって終焉した。
④ 55年体制は，自由党と民主党が合同して自由民主党が結成され，左右統一した日本社会党との間で形成された保革二大政党対立構造である。

問25 次の文章を読み，文章中の空欄　a　に入る地域名として最も適当なものを，次の①～④の中から一つ選びなさい。　31

　1884年から1885年にかけて　a　で開催された国際会議では，アフリカ(Africa)大陸の分割に関する原則が定められた。この会議ではレオポルド2世(LeopoldⅡ)率いるベルギー(Bergium)によるコンゴ盆地(Congo Basin)の支配が承認され，以後「コンゴ自由国(Congo Free State)」として統治されることとなった。この会議が契機となり，いわゆる「アフリカの分割」が本格化し，欧州列強による植民地獲得競争が加速した。

① パリ(Paris)
② ロンドン(London)
③ ブリュッセル(Brussels)
④ ベルリン(Berlin)

問26 フランス革命の背景に関する記述として最も適当なものを，次の①～④の中から一つ選びなさい。 32

① 身分制社会では，高額な課税を負担していた聖職者と貴族が特権の廃止を求めて第三身分と連帯した。
② 財政難にあった王国政府は，アメリカ独立戦争への軍事介入によってさらに財政状況が悪化した。
③ 啓蒙思想家たちは伝統的な君主制度を強化する理論を構築し，王権を支えた。
④ ルイ16世(Louis XVI)は平民にのみ課されていた人頭税を貴族にも課すことにした。

問27 1815年6月に発表されたウィーン議定書(Protocol of Vienna)に関する記述として**適当ではないもの**を，次の①～④の中から一つ選びなさい。 33

① スイス(Switzerland)は永世中立国となることが決まった。
② プロイセン(Prussia)・オーストリアなどを含むドイツ連邦が成立した。
③ スリランカ(Sri Lanka)やケープ(Cape)植民地のオランダからイギリスへの譲渡が正式決定された。
④ ロシアはフィンランドを失い，スウェーデンへの返還が決定された。

問28 アメリカ独立戦争に関する出来事A〜Dを年代順に並べたものとして正しいものを，次の①〜④から一つ選びなさい。　34

　　A：ボストン茶会事件(The Boston Tea Party)
　　B：パリ条約(Treaty of Paris)
　　C：レキシントンの戦い(Battles of Lexington and Concord)
　　D：ヨークタウンの戦い(Battle of Yorktown)

① A → C → D → B
② A → D → C → B
③ C → B → A → D
④ C → A → D → B

問29 カヴール(Camillo di Cavour)首相が主導したイタリア(Italy)統一運動におけるピエモンテ＝サルデーニャ王国(Kingdom of Piedmont-Sardinia)の外交方針として最も適当なものを，次の①〜④の中から一つ選びなさい。　35

① ロシアとの同盟を軸とした中立外交の展開
② 神聖ローマ帝国の復活をめざすヨーロッパ主義の推進
③ フランスとの協調を通じたオーストリアへの対抗
④ 教皇庁の保護を第一とした宗教重視外交の維持

問30　1970年代に発生した二度の石油危機(oil crisis)に関する記述として最も適当なものを，次の①〜④の中から一つ選びなさい。　36

① 第一石油危機は，OPECによる石油価格の引き下げ競争が原因で発生した。
② 第二次石油危機は，イラン革命(Iranian Revolution)など中東情勢の混乱を背景に，原油価格が高騰したことで発生した。
③ 第一石油危機の際，各国はエネルギー安全保障のために石油依存度をさらに高める政策を進めた。
④ 第二次石油危機の際，日本では景気後退とデフレーションが同時に発生した。

問31　岸信介首相が表明した日本外交の基本方針として**適当ではないもの**を，次の①〜④の中から一つ選びなさい。　37

① 国連中心主義
② 自由主義諸国との協調
③ アジアの一員としての立場の堅持
④ 非核三原則の遵守

問32 1980年代末から1990年代初頭にかけての，ヨーロッパにおける情勢に関する記述として最も適当なものを，次の①〜④の中から一つ選びなさい。　38

① ポーランドでは，自主管理労働組合「連帯」の指導者ワレサ(Lech Wałęsa)が自由選挙で勝利し，非共産党政権が誕生した。

② ユーゴスラビア(Yugoslavia)では，ティトー(Tito)の死去後も社会主義体制が安定し，連邦制を維持したまま平和的にEUに加盟した。

③ ルーマニア(Romania)では，チャウシェスク(Nicolae Ceaușescu)大統領が民主化を主導し，平和的な政権移譲によって共産党から社会民主党への政権交代が実現した。

④ ドイツでは，東ドイツのホーネッカー(Erich Honecker)書記長とレーガン(Ronald Reagan)大統領の首脳会談により，1987年にベルリンの壁が撤去されドイツ統一が実現した。

(memo)

第8回
模擬テスト

総合科目

80分

問1　次の文章を読み，下の問い(1)～(4)に答えなさい。

　気候変動に対する国際的な取り組みは，1997年の京都議定書(Kyoto Protocol)で本格化した。この議定書は先進国のみに削減目標を課していたため，2009年のコペンハーゲン会議(COP15)では途上国を含めた新たな枠組み作りが試みられたが，失敗に終わった。その後2014年のリマ会議(COP20)を経て，2015年にようやくパリ協定(Paris Agreement)が採択された。パリ協定後の各国の対応は様々である。オランダ(Netherlands)では2019年，最高裁が政府に温室効果ガス削減を命じる世界初の判決を下した。一方，アメリカ(USA)は2017年にトランプ(Donald Trump)政権が協定離脱を表明したが，2021年のバイデン(Joe Biden)政権で復帰した。このように，気候変動という地球規模の課題における国際協調の難しさと，各国の政治・司法の役割の重要性が浮き彫りになっている。

(1)　下線部1に関して，1997年に採択された京都議定書で決定された内容として最も適当なものを，次の①～④の中から一つ選びなさい。　　　　　　　　　　　　　　　1

①　アメリカが批准し，温室効果ガス削減の国際的取り組みを主導することになった。
②　温室効果ガス削減目標を達成するための柔軟性措置として，排出権取引制度を導入することを定めた。
③　中国(China)やインド(India)などの新興国にも先進国と同様の削減義務を課した。
④　2050年までに世界全体の温室効果ガス排出量を実質ゼロにすることを共通目標として設定した。

(2) 下線部2に関して，コペンハーゲン(Copenhagen)の年間気温と降水量を表しているものを，次の①〜④の中から一つ選びなさい。　2

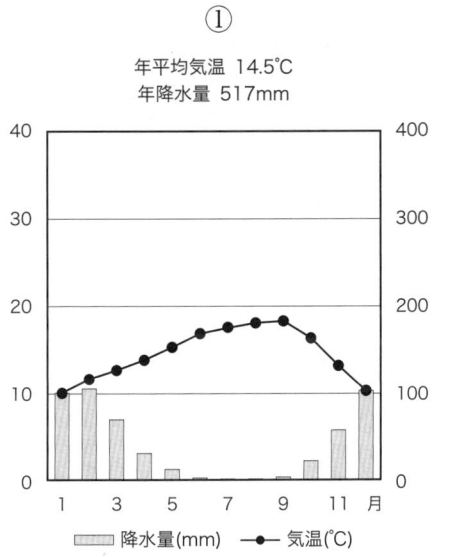

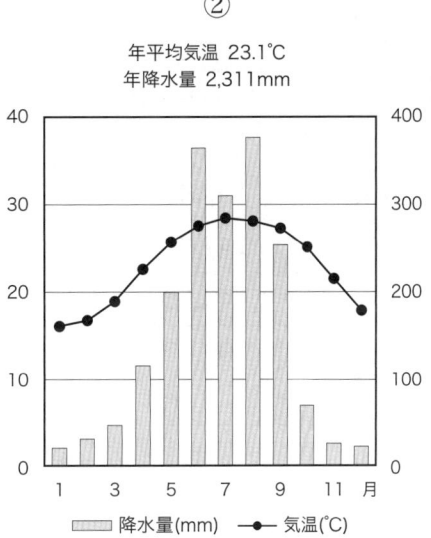

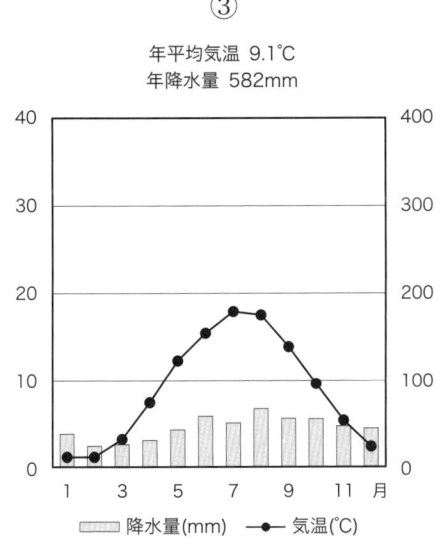

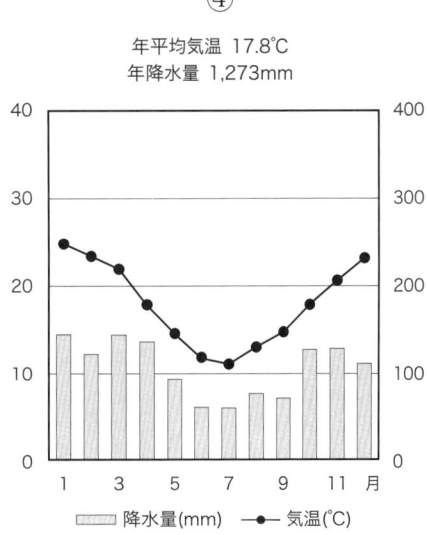

(3) 下線部3と関連し，以下は日本におけるフランス(France)，イタリア(Italy)，オランダ，スイス(Switzerland)からの輸入品目のデータである。この中からオランダに該当するものを，下の①～④の選択肢の中から一つ選びなさい。　3

①

品目	金額(百万円)	構成比(%)
機械類	197,828	14.8
医薬品	147,015	11.0
ぶどう酒	142,262	10.6
航空機類	109,897	8.2
バッグ類	103,069	7.7

②

品目	金額(百万円)	構成比(%)
医薬品	400,547	37.8
時計・同部品	289,822	27.3
機械類	113,999	10.7
電気計測機器	17,927	1.7
コック・弁類	15,988	1.5

③

品目	金額(百万円)	構成比(%)
機械類	176,173	39.0
半導体等製造装置	93,596	20.7
医薬品	49,418	10.9
肉類	23,420	5.1
プラスチック	18,430	4.1

④

品目	金額(百万円)	構成比(%)
医薬品	216,959	13.9
機械類	174,604	11.2
たばこ	163,938	10.5
バッグ類	155,856	10.0
衣類	113,629	7.3

『日本国勢図絵24/25』より作成

(4) 下線部4に関して，大気中の濃度が最も高く，地球温暖化に最も影響を与えている温室効果ガスの例として最も適当なものを，次の①〜④の中から一つ選びなさい。

$\boxed{4}$

① 窒素酸化物(NO_x)
② 二酸化炭素(CO_2)
③ 硫黄酸化物(SO_x)
④ フロンガス(flon)

問2 次の会話を読み，下の問い(1)～(4)に答えなさい。

学生：先生，₁イギリス(UK)が₂TPP11に加入申請したというニュースについて教えていただけますか。

先生：イギリスは2021年2月にTPP11への加入を正式に申請し，2023年7月には加入交渉が実質的に合意に達しました。

学生：イギリスはアジア(Asia)太平洋地域から遠いのに，なぜTPP11に加入しようとしているのでしょうか。

先生：₃EUからの離脱の後にとられてきた，新しいイギリスの貿易戦略に合致しているからです。その戦略の一つに，アジア太平洋地域との経済的つながりの強化があります。

学生：イギリスの加入は，TPP11にどのような影響を与えるのでしょうか。

先生：イギリスの加入により，TPP11の影響力拡大と₄市場規模の拡大が期待されています。ただし，地理的に離れた地域との協定であるため，実際の経済効果の程度には不確実性があります。さらに，この動きは「グローバル・ブリテン(Global Britain)」戦略の具現化として注目されており，地政学的にも重要な意味を持っています。

(1) 下線部1に関して，イングランド(England)の港湾都市として栄えたリヴァプール(Liverpool)の位置を，下の図の①〜④の中から一つ選びなさい。　5

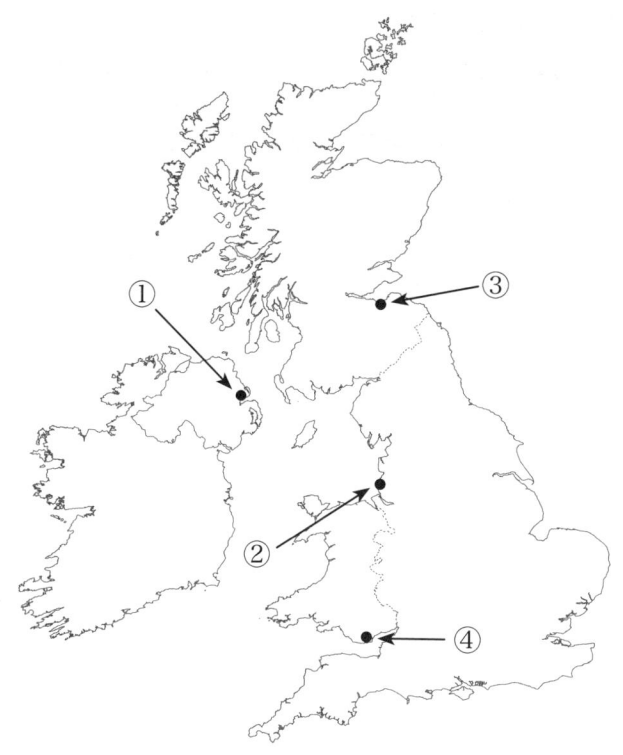

(2) 下線部2に関して，TPP11の加盟国として**正しくないもの**を，次の①〜④の中から一つ選びなさい。　6

① メキシコ(Mexico)
② ペルー(Peru)
③ 日本
④ アメリカ

(3) 下線部3に関して，EUの拡大と発展過程に関する記述として**適当ではないもの**を，次の①〜④の中から一つ選びなさい。　　　7

① 2004年のEU拡大では，イギリス,アイルランド(Ireland),デンマーク(Denmark)など北欧諸国が新たに加盟した。

② 2009年に発効したリスボン条約(Treaty of Lisbon)でEU大統領(欧州理事会常任議長)職が創設された。

③ 世界金融危機の影響でギリシア(Greece)を中心にユーロ圏債務危機が起きた。

④ 1993年に発効したマーストリヒト条約(Treaty of Maastricht)により，通貨同盟が創設され，政治統合が推進された。

(4) 下線部4に関し，国内市場の規模が小さい発展途上国において，新興産業を育成するために一時的に外国製品の輸入を制限し，国内企業が規模の経済を実現できるまで保護する政策を提唱した経済学者として最も適当なものを，次の①〜④から一つ選びなさい。　　　8

① マンキュー(Nicholas Gregory Mankiw)

② リスト(Friedrich List)

③ マルクス(Karl Marx)

④ リカード(David Ricardo)

問3 日本政府による国債の発行増加がもたらす影響として最も適当なものを，次の①～④の中から一つ選びなさい。 9

① 国債発行の増加によって，民間投資が促進され，経済成長率が上昇する。
② 国債発行の増加によって，金融市場への流動性供給が拡大されて市中金利が下落する。
③ 国債発行の増加は，長期的には円高を引き起こし，輸出産業に好影響を与える。
④ 国債発行の増加は，財政赤字の拡大と公的債務残高の増加につながる。

問4 ジェームス・バーナム(James Burnham)は著書「経営者革命」で，経営者が株式会社を実効支配する時代が来ると主張した。その理由として最も適当なものを，次の①～④の中から一つ選びなさい。 10

① 株式所有の集中により，大株主が経営権を強化し，所有と経営の一体化が進むため。
② 企業組織の巨大化と技術の高度化により，経営の専門化が進むため。
③ 株式会社制度の衰退により，個人経営の企業が主流となるため。
④ 株主総会の権限強化により，株主による経営者への統制が強まるため。

問5 次の表は，国際業務を行う4つの銀行A，B，C，Dの財務状況を示している。1988年に採択されたバーゼル合意(Basel Accords)で定められた自己資本比率の基準を満たしている銀行の組み合わせとして最も適当なものを，①〜④から一つ選びなさい。 11

	A銀行	B銀行	C銀行	D銀行
自己資本(億円)	900	600	540	450
リスク資産(億円)	10,000	10,000	6,000	5,000

注)自己資本比率＝自己資本÷リスク資産×100

① A銀行,B銀行

② B銀行のみ

③ A銀行,C銀行,D銀行

④ A銀行,B銀行,C銀行,D銀行

問6 日本の大企業と中小企業の二重構造について適当なものを，次の①〜④の中から一つ選びなさい。 12

① 大企業と中小企業の生産性格差は，1990年代以降に解消されつつある。

② 中小企業は日本の全企業数の約50%を占めている。

③ 中小企業は大企業より，規模の経済を活かして生産コストを削減し，効率的に生産できる。

④ 中小企業には下請企業が多く存在し，これが独立性を低下させる要因となっている。

問7 ある製菓会社が1年間に以下のような事業を行った。原材料を総額500万円で仕入れ，包装材料を総額100万円分購入した。従業員3人に一人当たり250万円の給与を支払い，これらによって製造した商品を総額1,800万円で販売した。この事業によって生産された付加価値，つまりGDPに計上されるべき額はいくらになるか。正しいものを，次の①〜④の中から一つ選びなさい。 13

① 450万円
② 1,050万円
③ 1,200万円
④ 1,800万円

問8 日本の社会保障に関する記述として最も適当なものを，次の①〜④の中から一つ選びなさい。 14

① 少子高齢化の進行により，社会保障関係費は年々減少している。
② 2000年以降,日本の医療保険制度は国民皆保険から任意加入に変更された。
③ 年金制度の持続可能性を高めるため，政府は年金支給開始年齢を段階的に引き上げている。
④ 日本の社会保険料負担率は，フランスやドイツ(Germany)と比べると高くなっている。

問9 次のグラフはアメリカ・インド・中国・日本における実質経済成長率の推移を示している，日本に当てはまるものを，次の①〜④の一つ選びなさい。 15

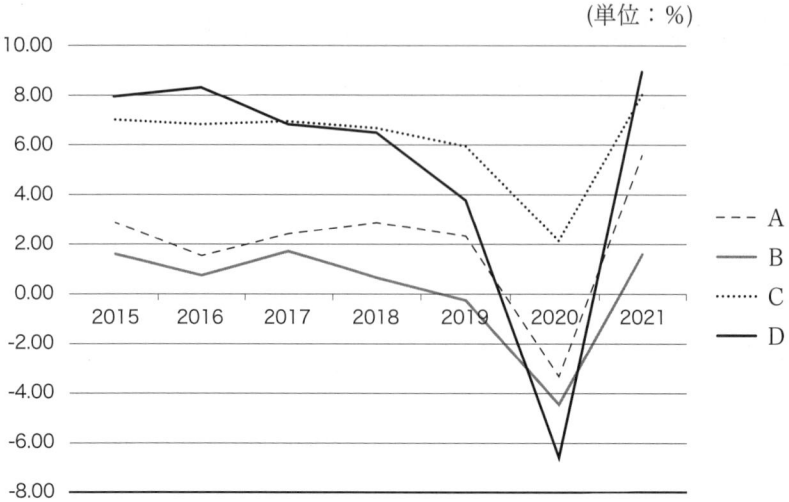

『世界銀行のデータ』より作成

① A
② B
③ C
④ D

問10 次は景気の変動に関する文章です。a，b に当てはまる語の組み合わせとして正しいものを，次の①〜④の中から一つ選びなさい。　16

　景気の変動にはさまざまな周期がある。およそ50〜60年にわたる長期的な景気の波はコンドラチェフ波(Kondratiev wave)と呼ばれ，a が主な背景とされている。一方で，7〜11年ほどの中期的な景気変動はジュグラー波(Juglar cycle)と呼ばれ，これは主に b によって引き起こされると考えられている。

	a	b
①	技術の革新に伴う産業構造の変化	在庫調整のサイクル
②	技術の革新に伴う産業構造の変化	設備投資の増減
③	建設投資の循環	在庫調整のサイクル
④	建設投資の循環	設備投資の増減

問11　1992年にブラジル(Brazil)のリオデジャネイロ(Rio de Janeiro)で開かれた地球サミットに関する記述として**適当ではないもの**を，次の①～④の中から一つ選びなさい。
17

① 「持続可能な開発」という概念が国際的な政策アジェンダの中心に据えられた。
② 先進国から発展途上国への技術移転の必要性が確認された。
③ 環境保全が人間の生活の質に深く関わることが確認され，「人間環境宣言」が採択された。
④ 環境と開発の問題を統合的に扱う必要性が認識された。

問12　日本の男女雇用機会均等法の制定背景に関する記述として最も適当なものを，次の①～④の中から一つ選びなさい。
18

① 高度経済成長に伴う労働力不足を解消するため，女性の労働参加を促進する目的で制定された。
② 女性差別撤廃条約の採択など，国際的な男女平等の潮流を受けて制定された。
③ 戦後復興期における女性労働者の地位向上を図るため，連合国軍最高司令官総司令部(GHQ/ SCAP)の指導の下で制定された。
④ 少子高齢化社会の到来に備えて，女性の出産・育児と仕事の両立支援を目的として制定された。

問13 次の図は本初子午線と赤道によって地球を4つの領域(A〜D)に分けたものである。各国の位置として正しいものを，次の①〜④の中から一つ選びなさい。　19

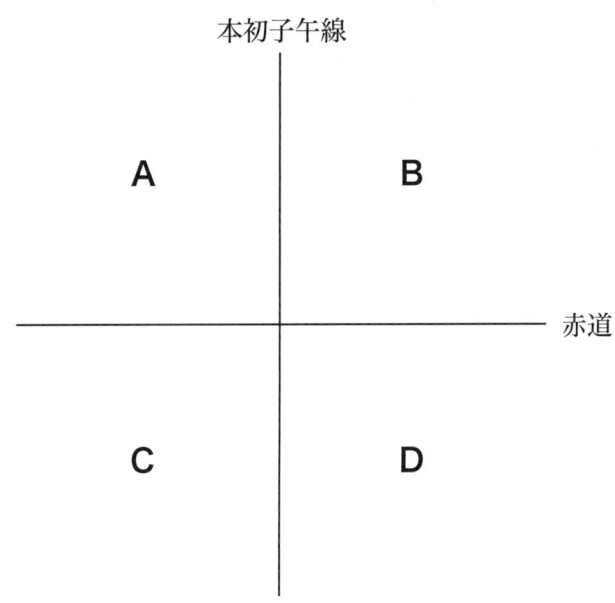

① A：サウジアラビア(Saudi Arabia)
② B：カナダ(Canada)
③ C：ウルグアイ(Uruguay)
④ D：エジプト(Egypt)

問14 次のグラフは，2021年のスイス・フランス・インド・マレーシアにおける国内総生産と産業別就業者数の割合を示している。A〜Dの組み合わせとして最も適当なものを次の①〜④の中から一つ選びなさい。 20

	GDP(億ドル)	第一次 産業(%)	第二次 産業(%)	第三次 産業(%)
A	31,503	17	26	57
B	3,730	10	38	53
C	29,579	2	17	82
D	8,006	1	25	75

『データブック・オブ・ザ・ワールド2024』より作成

	A	B	C	D
①	フランス	マレーシア	インド	スイス
②	フランス	インド	スイス	マレーシア
③	インド	マレーシア	フランス	スイス
④	インド	マレーシア	スイス	フランス

注)マレーシア(Malaysia)

問15 地球の営力に関する記述として最も適当なものを，次の①〜④の中から一つ選びなさい。 21

① 風化作用は内的営力の代表的な例である。
② プレートの動きは外的営力によって引き起こされる。
③ 河川の浸食作用は内的営力に分類される。
④ 火山活動は内的営力による地形形成の一例である。

問16 図は日本のある都市の気温と降水量を表すハイサーグラフである。図に該当する都市を，下の①〜④の中から一つ選びなさい。 22

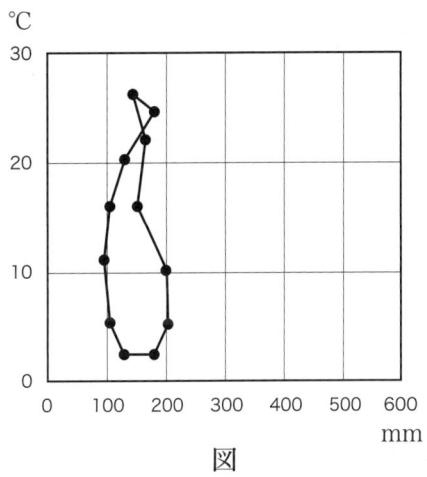

図

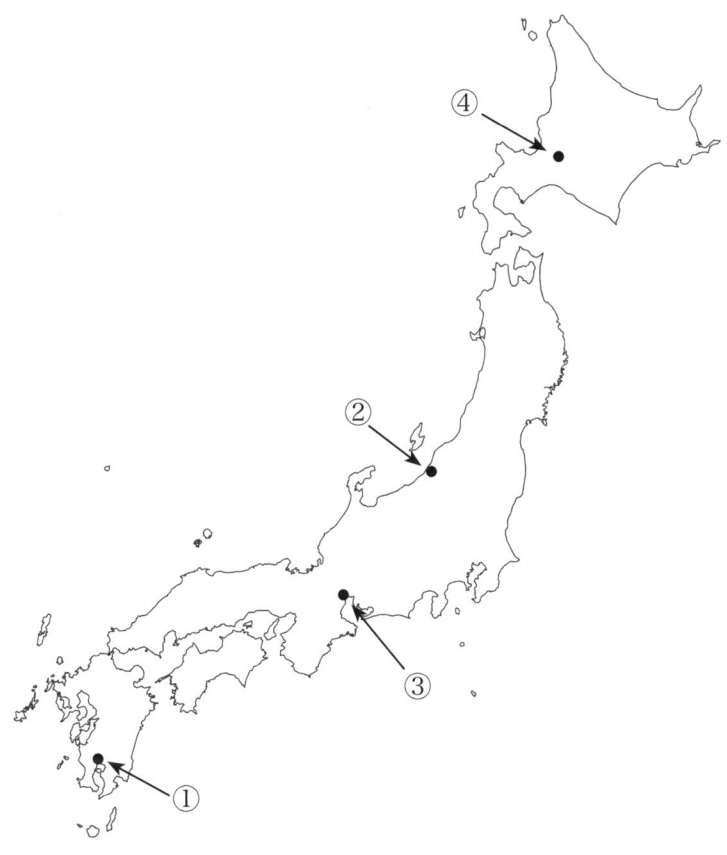

問17 次のグラフは2015年から2023年の日本における在留外国人数の推移である。A～Dの国名の組み合わせとして最も適当なものを，次の①～④の中から一つ選びなさい。 23

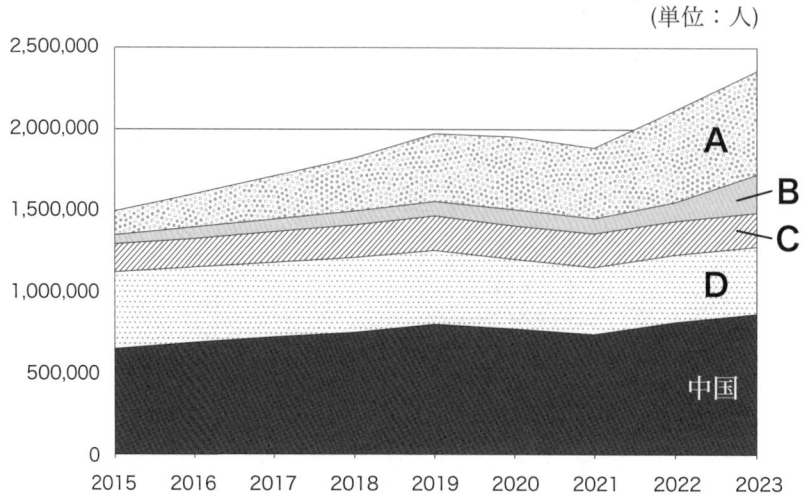

『出入国管理統計』より作成

	A	B	C	D
①	ネパール	ブラジル	韓国	ベトナム
②	ブラジル	韓国	ベトナム	ネパール
③	韓国	ベトナム	ネパール	ブラジル
④	ベトナム	ネパール	ブラジル	韓国

注)ネパール(Nepal)　韓国(South Korea)　ベトナム(Vietnam)

問18　次の表は，日本における2022年度の主な食料品目について，国内生産量，輸入量，輸出量，供給粗食料，国民1人・1年あたり供給量を示したものである。A〜Dの品目は，米，小麦，大豆，りんごのいずれかに該当する。A〜Dの組み合わせとして最も適当なものを，下の①〜④の中から一つ選びなさい。　24

品目	国内生産量(千t)	輸入量(千t)	輸出量(千t)	供給粗食料(千t)	国民1人・1年あたり供給量(kg)
A	8,073	832	89	7,013	50.9
B	994	5,512	0	5,070	31.7
C	243	3,704	0	841	6.7
D	737	559	53	1,118	7.6

農林水産省「食料需給表」より作成

① 　A：小麦　　B：米　　C：大豆　　D：りんご
② 　A：豆　　　B：米　　C：小麦　　D：りんご
③ 　A：米　　　B：小麦　C：大豆　　D：りんご
④ 　A：米　　　B：りんご　C：小麦　D：豆

問19 イギリスの法体系において重要な概念である「コモン・ロー(common law)の優位」に関する記述として最も適当なものを，次の①〜④の中から一つ選びなさい。

25

① コモン・ローの優位とは，議会制定法がコモン・ローよりも常に優先されるという原則である。

② コモン・ローの優位は，裁判所の判決が国家の立法機関による法律の制定を完全に禁止できる権限を持つという考え方である。

③ コモン・ローの優位は，国王の特権的命令が裁判所の判断よりも優先されるべきだとする考え方である。

④ コモン・ローの優位とは，イギリスの裁判所が積み重ねてきた判例や法的解釈が，新しい法律の理解と運用において基礎となり，重要な指針を提供するという原則である

問20 次の文章中の空欄 a に当てはまる語として最も適当なものを，次の①〜④の中から一つ選びなさい。

26

　a は，行政権の一部を担う独立した機関として設置され，特定の行政分野において専門的知識や政治的中立性が求められる事項を扱う。 a は合議制を採用しており，独立性を保ちつつ行政の民主化や専門化を図ることを目的としている。日本では，戦後の行政改革の一環として導入され，現在も重要な役割を果たしている。

① 内閣府

② 省庁

③ 行政委員会

④ 特殊法人

問21 大日本帝国憲法に関する記述として最も適当なものを，次の①～④の中から一つ選びなさい。　27

① 大日本帝国憲法下では，天皇の権限を制限するために，すべての行政行為に法律の根拠を必要とする原則があった。
② 大日本帝国憲法下では，臣民の権利は制限されることがなく，絶対的な自由権として保障されていた。
③ 大日本帝国憲法は，国民主権の原則に基づいており，天皇の権力は国民から委任されたものとされていた。
④ 大日本帝国憲法では，臣民の権利・自由は法律の範囲内でのみ保障され，法律による制限が可能とされていた。

問22 日本の選挙制度に関する記述として最も適当なものを，次の①～④の中から一つ選びなさい。　28

① 日本の国政選挙では，選挙区制と比例代表制を組み合わせた並立制が衆議院と参議院の両方で採用されている。
② 日本では，選挙権年齢と被選挙権年齢はともに20歳以上と定められている。
③ 地方選挙において，永住外国人にも選挙権が付与されている。
④ 日本の選挙では，選挙管理委員会が指定した投票所で投票日当日にのみ投票が可能である。

問23 日本国憲法において，被告人の権利として**保障されていないもの**を，次の①～④の中から一つ選びなさい。　　29

① 弁護人依頼権
② 黙秘権
③ 公開裁判を受ける権利
④ 陪審員による裁判を受ける権利

問24 日本の内閣総理大臣の権限に関する記述として最も適当なものを，次の①～④の中から一つ選びなさい。　　30

① 国会の召集など国事行為を行う権限がある。
② 最高裁判所長官を任命する権限を持っている。
③ 参議院の問責決議をうけ，衆議院を解散することができる。
④ 内閣の閣僚を国会の承認なしに任命できる。

問25 国際連合(UN)の安全保障理事会の権限に関する記述として最も適当なものを，次の①～④の中から一つ選びなさい。　　31

① 安全保障理事会は，国連加盟国の新規加入を単独で決定する権限を持つ。
② 安全保障理事会は，国際司法裁判所の裁判官を選出する権限を持つ。
③ 安全保障理事会は，平和に対する脅威や侵略行為に対して軍事的強制措置を決定できる。
④ 安全保障理事会は，国連総会の議題を設定する権限を持つ。

問26 労働条件の改善と社会正義の実現を目的とする国際機関として国際労働機関(ILO)がある。国際労働機関(ILO)憲章が含まれている条約として最も適当なものを，次の①〜④の中から一つ選びなさい。　32

① ワシントン条約(Washington Naval Treaty)
② ベルサイユ条約(Treaty of Versailles)
③ ロカルノ条約(Locarno Treaties)
④ サンフランシスコ平和条約(Treaty of San Francisco)

問27 次の文章を読み， a に入る最も適切な言葉を，次の①〜④の中から一つ選びなさい。　33

　2014年,日本政府は a を限定的に容認する閣議決定を行った。これは戦後日本の安全保障政策における大きな転換点となった。それまで日本政府は，憲法9条によって a は許されないとしてきた。しかし，この閣議決定により，厳格な要件の下で a が可能となった。

① 集団的自衛権の行使
② 自衛隊の海外派遣
③ 核兵器の所有
④ 米軍の駐留

問28 日清戦争(First Sino-Japanese War)後の日本の状況に関する記述として最も適当なものを，次の①〜④の中から一つ選びなさい。　34

① 三国干渉を受け入れ，遼東半島を清国に返還したが，台湾は日本に割譲された。
② 日本は勝利したものの，莫大な戦費により財政状況が悪化した。
③ 下関条約により，満州における権益を拡大し，経済的進出を本格化させた。
④ 戦後の軍拡により日本経済は停滞し，日本銀行は兌換券の発行を停止した。

問29 民族自決の原則が国際社会で初めて明確に提唱され，その後の世界秩序に大きな影響を与えたものとして最も適当なものを，次の①〜④の中から一つ選びなさい。　35

① ウィーン会議(Congress of Vienna)
② ウィルソンの14カ条(Wilson's Fourteen Points)
③ 大西洋憲章(Atlantic Charter)
④ 国際連盟規約(Covenant of the League of Nations)

問30 次の文章の中の空欄 a と b に当てはまる言葉の組み合わせとして最も適当なものを，次の①〜④の中から一つ選びなさい。　36

　マニラ(Manila)は近世以降，アジアとアメリカ大陸を結ぶ交易の拠点となり，a の支配下でガレオン貿易(Galleon Trade)が展開された。フィリピン(Philippines)はカトリックの布教拠点ともなり，ラテンアメリカ(Latin America)からの文化的影響も受けた。19世紀末，a の支配は崩れ，b がフィリピンを新たな植民地とした。

	a	b
①	イギリス	アメリカ
②	イギリス	日本
③	スペイン	日本
④	スペイン	アメリカ

注)スペイン(Spain)

問31 南北戦争(American Civil War)の背景に関する内容として**適当ではないもの**を，次の①〜④の中から一つ選びなさい。　37

① 南部の産業は綿花プランテーション(Plantation)農業が中心であった。
② 北部の人口は南部の2倍以上であった。
③ 南部は連邦政府の権限を拡大し統一を強める連邦派の立場をとっていた。
④ 北部はイギリス製品との競争のため保護貿易を主張した。

問32 冷戦期の次の出来事A〜Dを年代順に並べたものとして正しいものを，下の①〜④の中から一つ選びなさい。 38

A：キューバ危機(Cuban Missile Crisis)
B：ベルリンの壁(Berlin Wall)建設
C：プラハ(Prague)の春
D：トルーマン・ドクトリン(Truman Doctrine)の発表

① D → B → A → C
② B → D → C → A
③ D → A → C → B
④ A → C → D → B

第9回

模擬テスト

総合科目

80分

問1 次の文章を読み，下の問い(1)～(4)に答えなさい。

　　現在のマサチューセッツ州(Massachusetts)の州都₁ボストン(Boston)は，もともとマサチューセッツ族などのネイティブ・アメリカン(Native American)の居住地であった。1630年にイギリス(UK)の清教徒が入植し，マサチューセッツ湾植民地の中心地として発展した。植民地時代，ボストンはイギリス本国による課税政策や統治のもとに置かれていたが，1770年のボストン虐殺事件(Boston Massacre)や1773年のボストン茶会事件(Boston Tea Party)を契機に反発が高まった。1775年には近郊のレキシントン(Lexington)とコンコード(Concord)で戦闘が起こり，₂アメリカ独立戦争(United States War Of Independence)が始まった。1776年の₃独立宣言(Declaration of Independence)採択を経て，1783年のパリ条約(Treaty of Paris)によってアメリカ(USA)の独立が正式に承認されると，ボストンは新生国家の重要都市として発展を遂げた。19世紀にはアイルランド(Ireland)系を中心とした多くの移民が流入し，₄多文化社会が形成された。現在では，教育と医療の中心地として国内外から高い評価を受けている。

(1) 下線部1に関し，ボストンの位置を，図の①～④の中から一つ選びなさい。　　1

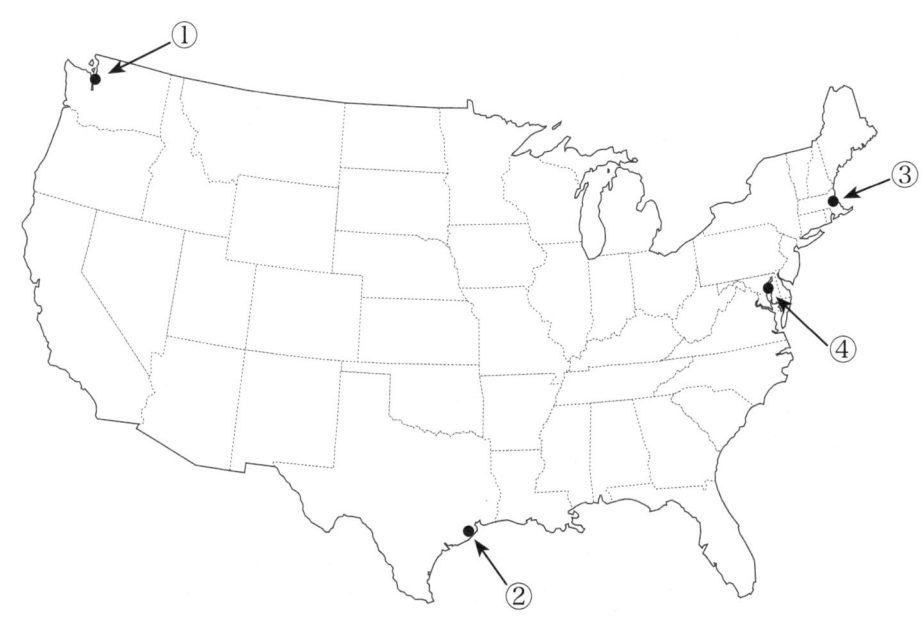

(2) 下線部2に関し，アメリカ独立戦争において，アメリカ側を支援する形で参戦した国の組み合わせとして最も適当なものを，次の①〜④の中から一つ選びなさい。

2

① フランス(France)とプロイセン（Preussen）
② フランスとポルトガル（Portugal）
③ オランダ（Netherlands）とスペイン（Spain）
④ オランダとロシア（Russia）

(3) 下線部3に関し，アメリカ独立宣言に関する記述として最も適当なものを，次の①〜④の中から一つ選びなさい。

3

① フランス革命の影響を受けて起草された。
② 人民の自然権と政府の正当性の根拠が述べられている。
③ すべての人間の基本的人権と尊厳を保障している。
④ 王権を制限し議会の権限を強化する内容であった。

(4) 下線部4に関して，次の表は2022年の時点でアメリカ・イギリス・オーストラリア(Australia)・ドイツ(Germany)に在住する外国人の国籍内訳を人口の多い順に並べたものである。オーストラリアに当てはまるものを，次の①〜④の中から一つ選びなさい。　4

順位	A	B	C	D
1位	インド	メキシコ	ウクライナ	インド
2位	ナイジェリア	インド	ルーマニア	中国
3位	香港	中国	ポーランド	ネパール
4位	中国	ドミニカ共和国	シリア	フィリピン

『International Migration Outlook 2024』より作成

注) インド India, メキシコ Mexico, ウクライナ Ukraine
　　ナイジェリア Nigeria, ルーマニア Rumania
　　中国 China, 香港 Hong Kong, ポーランド Poland
　　ネパール Nepal, ドミニカ共和国 Dominican Republic
　　シリア Syria, フィリピン Philippines

① A
② B
③ C
④ D

問2 次の会話を読み，下の問い(1)～(4)に答えなさい。

現在の₁長崎県は，歴史的に日本と外国との接点として重要な役割を担ってきた地域である。特に江戸時代，幕府による鎖国政策が敷かれていた中にあっても，長崎は例外的に外国との貿易が許された港であり，出島を通じてオランダや中国との交易が行われた。このため，長崎は当時の日本における唯一の国際貿易の窓口として機能し，さまざまな西洋の知識や文化，医術，科学技術などがここを通じて日本に伝わることとなった。

また，長崎は当時の領主が₂宗教に寛容だったため，キリスト教布教の拠点ともなったが，17世紀には弾圧を受け，多くの信者が命を落とした歴史もある。

20世紀に入ると，長崎は₃重工業の拠点として発展し，特に三菱重工業を中心とする造船業が地域経済を支えた。しかし，第二次世界大戦末期の1945年には，₄原子爆弾の投下という未曾有の被害を受け，多大な犠牲を出した。戦後は，平和都市としての再生に取り組み，「長崎原爆資料館」や「平和公園」などを通じて，国内外に向けて平和の大切さを発信している。

経済面では，重工業から観光・環境産業への構造転換が進められており，文化的には，世界遺産に登録された「長崎と天草地方の潜伏キリシタン関連遺産」などが注目されている。加えて，アジア(Asia)との地理的近接性を活かして，国際交流拠点都市としての機能も期待されている。

(1) 下線部1に関して，長崎県では，湾や岬が複雑に入り組んだ特徴的な海岸地形が見られる。このような海岸と同じような成り立ちをもつ海岸を，下の図の①〜④の中から一つ選びなさい。　5

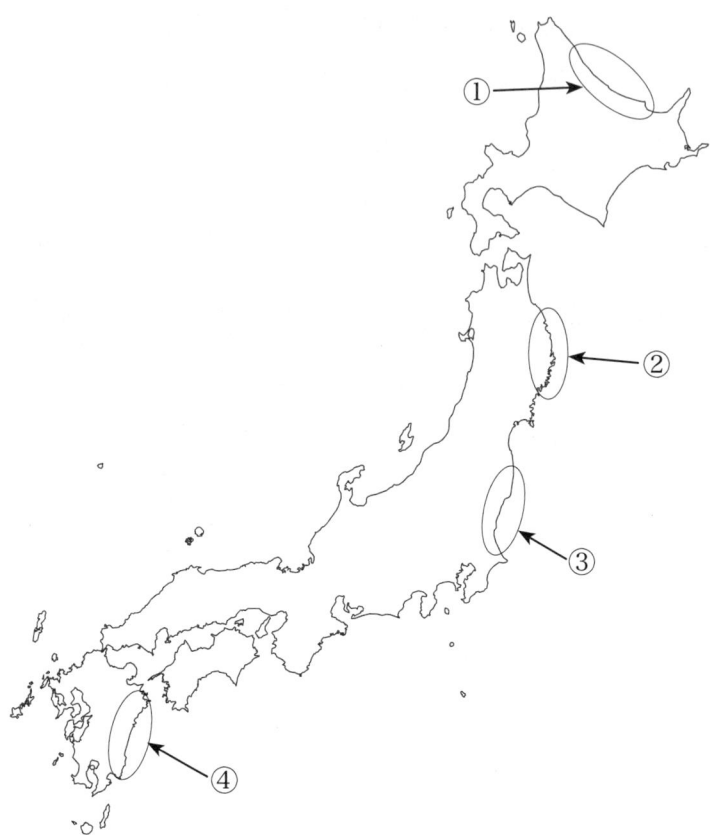

(2) 下線部2に関して，他宗教の公的活動を禁止するなど宗教的寛容度が低い国として最も適当なものを，次の①〜④の中から一つ選びなさい。　6

① サウジアラビア(Saudi Arabia)

② トルコ(Turkey)

③ エチオピア(Ethiopia)

④ イタリア(Italy)

(3) 下線部3に関し，日本の重工業の発展に関する記述として最も適当なものを，次の①〜④の中から一つ選びなさい。　　　7

① 明治政府は殖産興業政策の一環として，官営八幡製鉄所を設立し，国内での鉄鋼生産を推進した。
② 第一次世界大戦(WWI)後，日本の重工業の発展が始まり，多くの財閥が形成された。
③ 高度経済成長期には，日本の自動車産業は政府の保護政策により国内市場を中心に発展し，輸出は制限された。
④ 戦後復興期，日米安全保障条約の締結に先立ち，日本政府はアメリカから重工業技術の独占的使用権を獲得した。

(4) 下線部4に関し，2017年に採択された核兵器禁止条約(TPNW)の前文では，広島・長崎の被爆者や世界の核実験被害者が受けた苦しみと，核廃絶への努力に言及している。核兵器禁止条約(TPNW)に関する記述として最も適当なものを，次の①〜④の中から一つ選びなさい。　　　8

① 国連安全保障理事会の常任理事国すべてが採択に賛成した。
② 核兵器の使用だけでなく，開発・保有・配備までも全面的に禁止している。
③ 日本は条約の交渉段階から主導的な役割を果たし，署名・批准を行った。
④ 条約は核兵器の非保有国にのみ適用され，核兵器保有国には法的拘束力が及ばない。

問3 次は生鮮野菜の需要供給における特徴を説明している。次の文章を読み，生鮮野菜の需要供給曲線として最も適当なものを，次の①〜④の中から一つ選びなさい。

9

　生鮮野菜などの農産物は，他の商品とは需要や供給の面で事情が異なる。まず需要面では，以下の点が特徴的である。
- もともと価格が安価なため，価格が下がっても大量に追加購入する動機が乏しい。
- 鮮度が重視されるため，買い置きによる需要増が見込めない。

一方，供給面では以下の点が大きな特徴である。
- 多くの農産物は1年に1回しか収穫できない。また，収穫した農産物は鮮度が重要であり，価格に関わらず出荷・販売しなければならない。

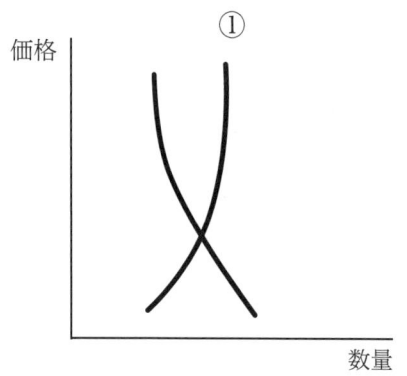

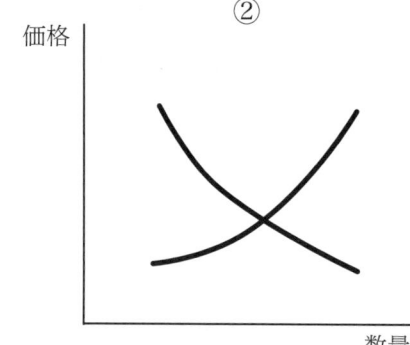

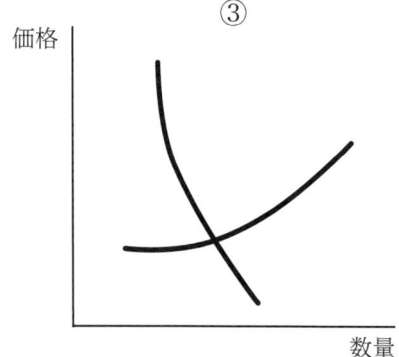

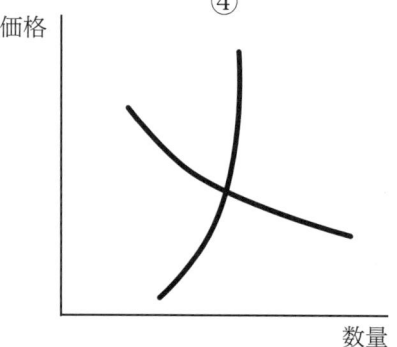

問4 18世紀のフランスの経済学者ケネー(François Quesnay)に関する記述として最も適当なものを，次の①〜④の中から一つ選びなさい。　10

① 経済への政府介入を最小限にとどめ，通貨供給の増加率固定による景気の安定を重視すべきだと主張した。
② 国家の経済発展には保護貿易政策が必要であるとし，幼稚産業保護論を唱えた。
③ 比較優位の理論に基づき，自由貿易を推進すべきであると主張した。
④ 土地こそが唯一の生産の源であると主張した。

問5 貿易をおこなう前には，コンピュータ1単位を生産するのにa国は200人，b国は150人を，また，自動車1単位を生産するのにa国は100人，b国は50人を必要とした。次の文章の空欄A〜Dに入る語句・数値の組み合わせとして最も適当なものを，下の①〜④の中から一つ選びなさい。　11

　機会費用とはある財を1単位生産するために犠牲にしなければならない他の財の生産量を意味する。a国において，コンピュータ1単位の機会費用は自動車　A　単位である。一方，b国において，コンピュータ1単位の機会費用は自動車　B　単位である。したがって，　C　国がコンピュータに，　D　国が自動車に特化することで，両国とも貿易の利益を得ることができる。

	A	B	C	D
①	2	3	a	b
②	2	3	b	a
③	0.5	0.33	a	b
④	0.5	0.33	b	a

問6 物価の変動には，継続的に物価が上昇するインフレーション(Inflation)と，物価が持続的に下落するデフレーション(Deflation)がある。これらに関する記述として最も適当なものを，次の①~④の中から一つ選びなさい。 12

① インフレーションが進むと，実質金利は上昇し，企業の借入意欲は高まる。
② インフレーションが進行すると，通貨の購買力が強まり，輸入品の価格が下がる傾向にある。
③ デフレーションの状態では，名目GDPが増加しやすく，経済が活性化しやすい。
④ デフレーションの進行は，企業の利益を圧迫し，賃金の引き下げや雇用削減につながることがある。

問7 次の国民経済計算に関する文章のうち下線部の内容が**誤っているもの**を，次の①~④の中から一つ選びなさい。なお，下線部以外の記述は正しいものとする。 13

　国民経済計算は一国の経済活動を総合的に把握するための統計体系である。①GDP(国内総生産)は一定期間内に国内で生産されたすべての最終財・サービスの付加価値の合計で，1968年に国連が標準指標として採用した。また，②GNI(国民総所得)は国民が国内外で得た所得の総計である。さらに，③NDP(国内純生産)はGDPから固定資本減耗(減価償却費)を差し引いたものである。そして，④GNPはGDPから海外からの純所得受取を差し引いて算出する。

問8 輸出企業は為替相場の変化によって売り上げが変わることが多い。例えば、1ユーロ＝130円であるとき、日本のある輸出企業が自社製品をユーロ圏に販売し、2億ユーロの売り上げがあったとする。そしてその翌年1ユーロ＝110円になったとき、同じく2億ユーロをユーロ圏で売り上げたとすれば、円に換算した売り上げはどのように変化したか、次①〜④の中から一つ選びなさい。 14

① 4億円増加する。
② 4億円減少する。
③ 40億円増加する。
④ 40億円減少する。

問9 近年の日本の国際的な経済枠組みへの参加に関する記述として、最も適当なものを、次の①〜④の中から一つ選びなさい。 15

① 日本はWTO(世界貿易機関)に加盟しておらず、二国間協定を中心に国際貿易を行っている。
② 日本は中国や韓国(South Korea)と共にRCEP(地域的な包括的経済連携)に加盟している。
③ 日本はTPP(環太平洋パートナーシップ協定)の加盟交渉から離脱した。
④ 日本は保護主義を強化する方向で、多国間貿易協定への参加を制限している。

問10 次のグラフは2022年のOECD(経済協力開発機構)諸国におけるジニ係数(可処分所得ベース)を示している。ジニ係数(Gini coefficient)とは，所得分配の不平等度を測定する統計指標で0と1の間の数値で表され，値が大きいほど格差が大きいことを意味する。A～Cに当てはまる国名の組み合わせとして最も適当なものを，次の①～④の中から一つ選びなさい。

16

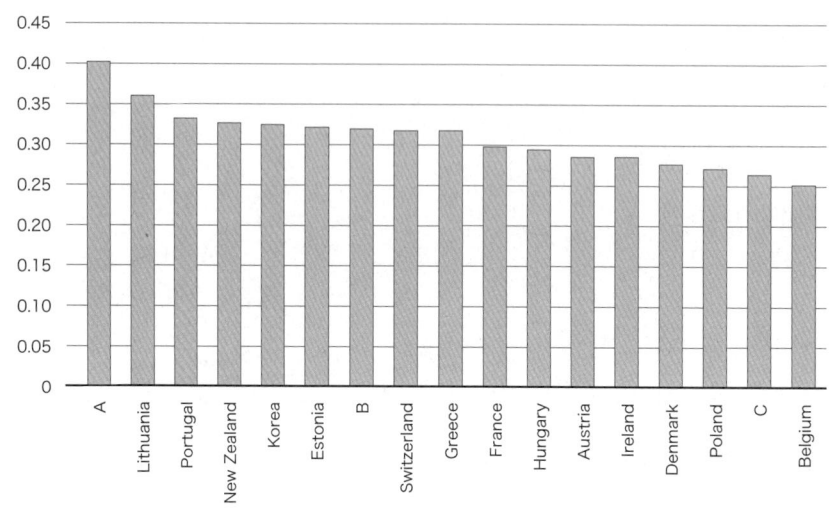

『OECDホームページ』より作成

	A	B	C
①	イタリア	ノルウェー	メキシコ
②	ノルウェー	メキシコ	イタリア
③	イタリア	メキシコ	ノルウェー
④	メキシコ	イタリア	ノルウェー

注) イタリア Italy　ノルウェー Norway

問11 金本位制と管理通貨制度に関する記述として最も適当なものを，次の①〜④の中から一つ選びなさい。　17

① 古典的金本位制では，国際収支が赤字になると金が流出し，通貨供給量が自動的に減少することで，物価下落を通じて輸出競争力が回復する「金の自動調整メカニズム」が働いた。

② 1930年代の金本位制離脱は，フランスが最初に実施し，その後日本，アメリカの順で追随したため，各国の競争的な通貨切り下げが発生した。

③ 管理通貨制度への移行により，中央銀行は準備率操作や公開市場操作を通じて通貨供給量を調整できるようになったが，これは必然的にデフレーションを招く結果となった。

④ ブレトンウッズ体制では，ドルだけでなく，イギリスのポンドやフランスのフランなど，すべての加盟国通貨が金1オンス＝35ドル相当の比率で金と直接交換することができた。

問12 1980年代のアメリカ経済に関する文章の空欄 a と b に入る最も適当な言葉を，次の①〜④から一つ選びなさい。　18

　レーガン(Ronald Reagan)政権下のアメリカでは，連邦準備制度理事会(FRB)のボルカー(Paul Adolph Volcker)議長が実施した政策により a となった。これによりドル高が進行し，アメリカの貿易赤字が拡大する一方，世界的な資金不足を引き起こした。特に中南米の b では債務危機が発生し，国際金融システムの不安定化を招いた。

① a：高金利　　b：ブラジル(Brazil)
② a：高金利　　b：キューバ(Cuba)
③ a：低金利　　b：ブラジル
④ a：低金利　　b：キューバ

問13 気候と土壌分布の関係の組み合わせとして正しいものを，次の①〜④の中から一つ選びなさい。　19

	気候	土壌
①	熱帯雨林気候(Af)	ラトソル
②	ステップ気候(BS)	ツンドラ土
③	冷帯湿潤気候(Df)	チェルノーゼム
④	温暖湿潤気候(Cfa)	ポドゾル

問14 次の表は，2022年におけるとうもろこしの輸出国と輸入国を示している。aとbに当てはまる国名の組み合わせとして最も適当なものを，次の①～④の中から一つ選びなさい。 20

とうもろこしの輸出国

国	数量(千トン)	構成比(%)
アメリカ	5,860	28.0
ブラジル	4,339	20.7
a	3,541	16.9
ウクライナ	2,518	12.0
ルーマニア	554	2.6

とうもろこしの輸入国

国	数量(千トン)	構成比(%)
中国	2,062	10.2
メキシコ	1,626	8.1
b	1,527	7.6
韓国	1,181	5.9
スペイン	1,128	2.6

『データブック・オブ・ザ・ワールド2025』より作成

	a	b
①	ロシア	日本
②	ロシア	インド
③	アルゼンチン(Argentine)	日本
④	アルゼンチン	インド

問15　東京発ロサンゼルス(Los Angeles)行きの飛行機が，日本時間の午後2時(標準時は東経135度に基づく)に成田空港を出発し，10時間30分の飛行時間でロサンゼルス国際空港に到着した。なお，ロサンゼルスはサマータイム(夏時間)を実施中とする。ロサンゼルス到着時の現地時間(標準時は西経120度に基づく)として正しいものを，次の①～④の中から一つ選びなさい。　|21|

① 　同日の午前8時30分
② 　同日の午前10時30分
③ 　翌日の午前9時30分
④ 　翌日の午後8時30分

問16 次の等高線図は，ある地域の地形を示しています。図中の赤線A〜Bの位置で地形を縦に切断したときの断面図として，最も適当なものを①〜④の中から一つ選びなさい。 22

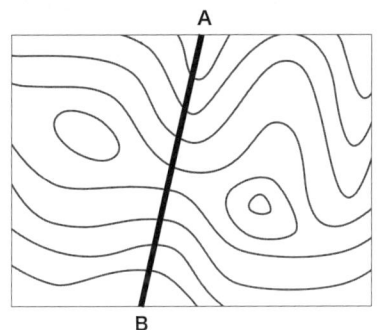

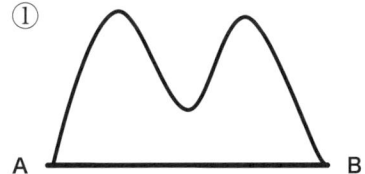

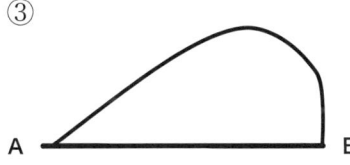

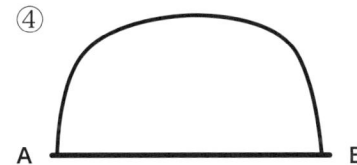

問17 次の図のA地点の緯度と経度の組み合わせとして最も適当なものを，次の①〜④の中から一つ選びなさい。　23

① 東経135度，北緯15度
② 東経150度，南緯23度
③ 東経150度，南緯48度
④ 東経135度，南緯60度

問18 シンガポール(Singapore)(東経103度,北緯1度)から北極点までの最短距離として最も適当なものを,次の①～④の中から一つ選びなさい。(ただし,地球は完全な球体とし,半径は約6,370km,赤道の長さは40,000kmとする) 24

① 約6,370km
② 約9,800km
③ 約20,000km
④ 約40,000km

問19 ドイツの哲学者カント(Immanuel Kant)に関する説明として最も適当なものを,次の①～④の中から一つ選びなさい。 25

① 『戦争と平和の法』を著し,国際法の基礎を築き,自然法に基づく国家間の関係を理論化した。
② 功利主義を提唱し,「最大多数の最大幸福」を道徳の基本原理とした。
③ 『リヴァイアサン(Leviathan)』を著し,社会契約説に基づいて絶対君主制を擁護した。
④ 著作『永遠平和のために』で,共和国による国家連合を基礎とした国際平和秩序を提唱した。

問20 日本の政治制度は間接民主制を基本としているが，直接民主制の要素も部分的に取り入れられている。その例として最も適当なものを，次の①～④の中から一つ選びなさい。　26

① 内閣総理大臣の信任を問う国民投票
② 法律廃止請求による国民投票
③ 最高裁判所裁判官の解職請求
④ 憲法改正を問う国民投票

問21 日本の民事裁判に関する記述として最も適当なものを，次の①～④の中から一つ選びなさい。　27

① 民事裁判では原告と被告が対等な立場で争うことが原則とされる。
② 民事裁判の判決に不服がある場合でも控訴や上告はできず，一審で終了する。
③ 民事裁判では検察官が公益の代表として必ず関与し，事実の解明を行う。
④ 民事裁判において弁護士を依頼しない場合，国選弁護人が選定される。

問22 国家権力の行使が法に基づいて行われなければならないという近代立憲主義の基本原理を何と呼ぶか。最も適当なものを，次の①～④の中から一つ選びなさい。　28

① 法律万能主義
② 罪刑法定主義
③ 法治主義
④ 法の支配

問23 内閣総理大臣の権限に関する記述として**適当ではないもの**を,次の①〜④の中から一つ選びなさい。　29

① 内閣総理大臣は国務大臣を任命し,かつ任意に罷免できる。
② 内閣総理大臣は内閣を代表して,法律案・予算案その他の議案を国会に提出する。
③ 内閣総理大臣は閣議を主宰し,行政各部を指揮・監督する。
④ 最高裁判所と下級裁判所の裁判官を指名する権利を持つ。

問24 自衛隊の活動およびそれを支える法制度に関する記述として最も適当なものを,次の①〜④の中から一つ選びなさい。　30

① 自衛隊は国内法に制限されることなく国連憲章に基づく集団安全保障の枠組みに自由に参加できる。
② 自衛隊の海外派遣は憲法改正を経なければ実施できないため,実際には行われていない。
③ 自衛隊の活動は,主に自衛隊法に基づいて行われており,災害派遣や国際貢献なども含まれる。
④ 自衛隊は国内の警察力の一部として組織されており,治安維持活動を中心に行っている。

問25 日本における環境問題とその対策に関する次の出来事A～Dを年代順に並べたものとして正しいものを，次の①～④の中から一つ選びなさい。　31

　　A：水俣病の発生が公式に確認される
　　B：公害対策基本法の制定
　　C：京都議定書(Kyoto Protocol)の批准
　　D：環境基本法の制定

① A → B → C → D
② A → B → D → C
③ B → A → C → D
④ B → C → A → D

問26 次の文章を読み，文章中の空欄aに当てはまる都市として最も適当なものを，次の①～④の中から一つ選びなさい。　32

　第二次世界大戦末期，人類はふたたび大規模な戦争の悲劇を繰り返さないための国際秩序の再構築を模索していた。1945年，連合国の代表が　a　に集まり，国際平和と安全の維持を目的とする新たな国際機構の設立について協議した。この会議の結果，「国際連合憲章(the Charter of the United Nations)」が採択され，同年10月，国際連合が正式に発足した。

① サンフランシスコ(San Francisco)
② ヤルタ(Yalta)
③ カイロ(cairo)
④ ジュネーブ(Geneva)

問27 国際連盟に関する記述として最も適当なものを，次の①〜④の中から一つ選びなさい。　33

① 国際連盟は独自の常備軍を保有し，安全保障理事会の決定により，侵略国に対する武力行使が可能であった。
② 加盟国の脱退には総会の3分の2以上の承認が必要であり，一方的な脱退は認められていなかった。
③ 理事会は常任理事国と非常任理事国で構成され，常任理事国には拒否権が与えられていた。
④ 総会と理事会の意思決定は全会一致が原則であり，事務局には独立した執行権限が与えられていなかった。

問28 19世紀のドイツにおける出来事A〜Dを年代順に並べたものとして正しいものを，次の①〜④の中から一つ選びなさい。　34

　A：ビスマルク(Bismarck)のプロイセン(Prussia)首相就任
　B：フランクフルト国民議会(Frankfurt National Assembly)の開催
　C：普仏戦争(Franco-Prussian War)の開始
　D：プロイセン・オーストリア(Austria)戦争の勃発

① A → B → C → D
② A → B → D → C
③ B → A → D → C
④ B → D → A → C

問29 戦後，連合国軍最高司令官総司令部(GHQ/SCAP)の占領下で制定された法律として正しいものを，次の①〜④の中から一つ選びなさい。　35

① 農業基本法
② 男女雇用機会均等法
③ 労働基準法
④ 環境基本法

問30 冷戦時代のソ連(USSR)に関する記述として最も適当なものを，次の①〜④の中から一つ選びなさい。　36

① ソ連はチェコスロヴァキア(Czechoslovakia)へ侵攻し，「プラハの春」を鎮圧した。
② アメリカがキューバにミサイル基地を建設したため，ソ連がキューバに侵攻した。
③ ソ連はフルシチョフ(Nikita Khrushchev)時代に平和共存政策を放棄し，米国との核実験禁止条約の締結を拒否した。
④ ゴルバチョフ(Gorbachev)は，アフガニスタン(Afghanistan)支配をめぐる内戦に軍事介入した。

問31 冷戦時代の「第三世界」に関する記述として最も適当なものを，次の①〜④の中から一つ選びなさい。　37

① 社会主義陣営に属し，ソ連の影響下にあった発展途上国を指す。
② 1950年代半ばころからアジア・アフリカ(Africa)を中心として，独自の勢力を形成した国々を指す。
③ 東西両陣営のいずれにも属さないヨーロッパ(Europa)諸国を指す。
④ 経済発展が著しく，先進国に追いついた新興工業国を指す。

問32 1919年に開催されたパリ講和会議(Paris Peace Conference)は，第一次世界大戦後の国際秩序再編に大きな影響を与えた。この会議で採択された原則や決定事項に関する記述として最も適当なものを，次の①〜④の中から一つ選びなさい。　38

① 中国における日本の租借地権益はすべて中国に返還することが決定された。
② 戦争責任を問うことを避け，敗戦国に対する賠償請求は一切行われなかった。
③ ドイツはすべての海外植民地を失うことになった。
④ ソヴィエト(Soviet)政権の国際的承認が正式に行われた。

(memo)

第10回 模擬テスト

総合科目

80分

問1　次の文章を読み，下の問い(1)〜(4)に答えなさい。

よし子：先生，1994年に衆議院の選挙制度が変更されたと聞きましたが，どのような変化だったのでしょうか。

先　生：₁1994年3月4日に公職選挙法が改正され，衆議院選挙に小選挙区比例代表並立制が導入されました。それまでは中選挙区制が採用されていました。中選挙区制とは，有権者が1人の候補のみに投票する単記投票制で，得票数の多い順に上位から定数分の候補者が当選する選挙制度です。

よし子：制度変更の理由は何だったのですか。

先　生：中選挙区制では，候補者が政党組織とは別に個人支援組織を作る必要があり，政治と財界の癒着が指摘されていました。また，同一政党から同じ選挙区に複数の候補者を立てることが派閥形成の一因とされていました。日本国憲法では₂国民主権と代表民主制が定められており，より公正な選挙制度が求められていたのです。

よし子：小選挙区はどのように区割りされているのですか。

先　生：小選挙区の区割りは都道府県内で行われ，₃人口に応じて議席数が配分されます。東京都には25の小選挙区がある一方，₄鳥取県や島根県はそれぞれ2つの小選挙区となっています。

よし子：「並立制」とはどういう制度ですか。

先　生：単純な小選挙区制では，小政党が議席を獲得するのが難しく，国民の多様な意見を政治に反映することが難しくなってしまいます。この欠点を補うため，政党の得票数によって議席を配分する比例代表制を並行して採用したのが並立制です。

(1) 下線部1に関して，1994年に日本で行われた政治改革の内容として最も適当なものを，次の①〜④の中から一つ選びなさい。　　　　　　　　　　　　　　　1

　① 企業による政治家個人への献金が可能となった。
　② 選挙における戸別訪問が可能となった。
　③ 連立政権が禁止された。
　④ 国が政党に対して公的資金を交付することとなった。

(2) 下線部2に関して，A〜Cは日本における国民主権の発達に関する出来事である。年代順に並べたものとして正しいものを，次の①〜④の中から一つ選びなさい。

2

　A：納税額による選挙権の制限が撤廃され，25歳以上の男子すべてに選挙権を与える法律が制定された。
　B：地方の豪農や商工業者を中心として，国会の開設と憲法の制定を要求する運動が全国的に展開された。
　C：天皇を「日本国の象徴であり日本国民統合の象徴」と規定した憲法が制定された。

　① A → B → C
　② B → A → C
　③ B → C → A
　④ C → A → B

(3) 下線部3に関して，次の表は東京都・大阪府・神奈川県・新潟県・愛知県における人口に応じて配分された衆議院小選挙区の議席数を示している。A〜Dに当てはまる都道府県の組み合わせとして最も適当なものを，次の①〜④の中から一つ選びなさい。 3

東京都	30
A	20
B	19
C	16
D	5

注) 2022年12月施行したものを基準とする

	A	B	C	D
①	大阪府	愛知県	新潟県	神奈川県
②	神奈川県	大阪府	愛知県	新潟県
③	新潟県	神奈川県	大阪府	愛知県
④	愛知県	新潟県	神奈川県	大阪府

(4) 下線部4に関して，鳥取県の位置として正しいものを，次の地図中の①〜④の中から一つ選びなさい。　4

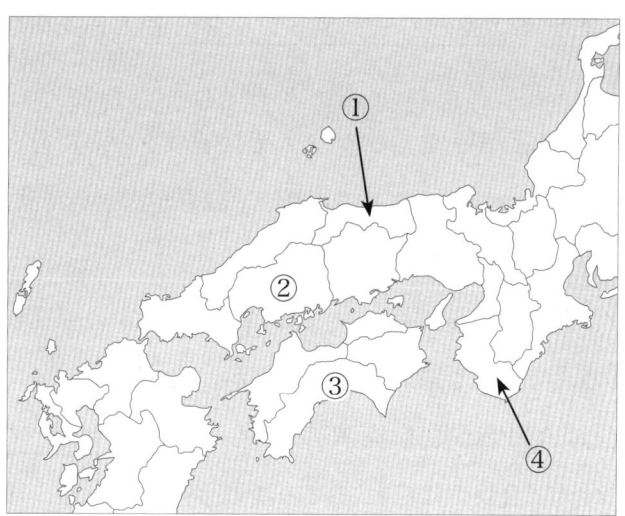

問2 次の文章を読み，下の問い(1)〜(4)に答えなさい。

　　よし子：アジア(Asia)太平洋地域において自由貿易協定が活発に結ばれていますね。₁TPP(環太平洋パートナーシップ協定)とRCEP(地域的な包括的経済連携)などがありますが，違いがありますか。

　　先　生：そうですね。両方ともアジア太平洋地域を中心に行われているものですが，参加国の規模からみるとRCEPの方が大きいです。世界の₂GDPの約３０％も占めていますからね。

　　よし子：それはTPPには参加していない₃中国(China)の存在が大きいかもしれませんね。ほかにも違いがありますか。

　　先　生：例えば，TPPは関税撤廃率が高いし，高度で₄包括的な自由化を目指していますが，RCEPはそれぞれの国の事情を考慮し，段階的な自由化を目指しているという違いがありますね。

(1) 下線部1に関して，日本がTPPに参加することで得られる経済効果として最も適当なものを，次の①〜④の中から一つ選びなさい。　　　5

① 鉄鋼や自動車など輸入に依存する商品の値段が下がる。
② 農産物の食糧自給率を強化することができる。
③ アメリカ(USA)や中国との貿易が一層活発になる。
④ 輸出において電気機器などの価格競争力が高まる。

(2) 下線部2に関して，2023年現在の一人当たり国内総生産(GDP)の数値が高い国の順番として最も適当なものを，次の①〜④の中から一つ選びなさい。 | 6 |

① 日本 > インド(India) > カナダ(Canada) > ルクセンブルク(Luxembourg)
② 日本 > カナダ > ルクセンブルク > インド
③ ルクセンブルク > カナダ > 日本 > インド
④ ルクセンブルク > インド > 日本 > カナダ

(3) 下線部3に関して，次の表は2023年におけるアメリカ，シンガポール(Singapore)，中国，ドイツ(Germany)の国際収支である。中国に当てはまるものを，次の①〜④の中から一つ選びなさい。 | 7 |

(単位：億ドル)

国名	経常収支	貿易・サービス収支	第一次所得収支	第二次所得収支	金融収支	外貨準備
A	2,530	3,861	-1,482	152	2,142	43
B	991	1,873	-808	-75	964	610
C	-9,054	-7,849	670	-1,875	-9,241	0.4
D	2,687	1,799	1,582	-694	2,698	9

『IMF資料』より作成

① A
② B
③ C
④ D

(4) 下線部4と関連して、貿易の包括的な自由化のために1995年世界貿易機関(WTO)が発足した。WTOに関する記述として最も適当なものを、次の①～④の中から一つ選びなさい。　8

① 経済協力開発機構(OECD)の一部門として作られた組織である。

② 貿易における紛争や摩擦などが起きた場合、その解決を図る。

③ アメリカなどの自由主義国家のみが加盟している。

④ 無差別原則の下で自由貿易を阻害する例外を許していない。

問3 次のグラフは，ある財の需要曲線(D)，供給曲線(S)を示したものである。このグラフにおいて，需要の増加により新しい均衡点が成立したとする。この変化に関する説明として最も適当なものを，次の①〜④の中から一つ選びなさい。　9

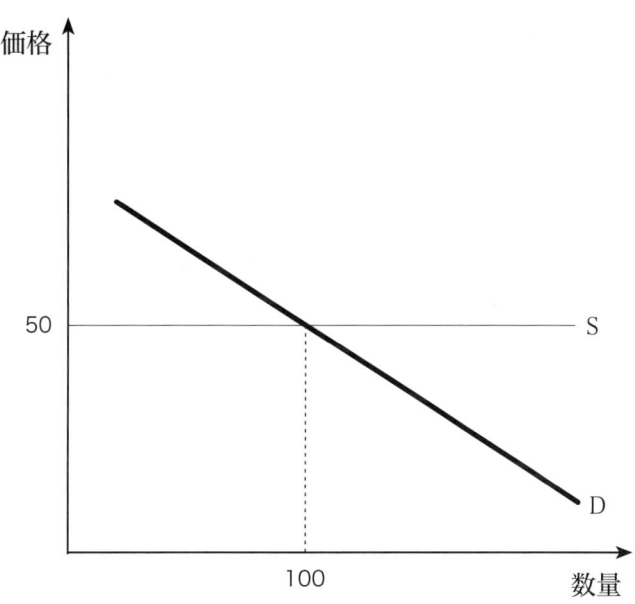

① 新しい均衡価格は50より低くなる
② 新しい均衡価格は50より高くなる
③ 新しい均衡数量は100より少なくなる
④ 新しい均衡数量は100より多くなる

問4 日本円/米ドルの為替レートが1ドル=110円のときに，ある企業が米国から機械を1万ドル分輸入した。その後，為替レートが1ドル=105円に変動したとする。この変化により，当初と比べて機械の購入代金(円建て)はどのように変化したのか，正しいものを，次の①～④の中から一つ選びなさい。　10

① 5万円高くなった。
② 5万円安くなった。
③ 50万円高くなった。
④ 50万円安くなった。

問5 可処分所得を用いて把握できるものとして最も適当なものを，次の①～④の中から一つ選びなさい。　11

① 個人の預金額
② 個人の購買力
③ 個人の債務の有無やその額
④ 個人が所有する財産の額

問6 次の文章を読んで，下の問いに答えなさい。　　12

　市場経済では，個人や企業の経済活動が他の経済主体に対して市場取引を通さずに影響を与えることがある。このような現象を外部効果という。外部効果には，他者に利益をもたらす外部経済と，他者に損失をもたらす外部不経済がある。下のa〜eの事例の中で，外部不経済の例の組み合わせとして最も適当なものを，①〜④の中から一つ選びなさい。

- a. 労働市場において，高賃金の職種に人材が移動する現象が見られる。
- b. 天候不良により農作物の供給が減少し，市場価格が上昇する現象が見られる。
- c. 人気観光地でオーバーツーリズムが発生し，騒音や渋滞により地域住民の生活が困難になる。
- d. 個人が予防接種を受けることにより集団免疫が形成され，社会全体の感染リスクが低下する。
- e. 大型スーパーが出店し，周辺の道路で交通渋滞が起こる。

① a, c
② a, b, c
③ b, d, e
④ c, e

問7 日本銀行の機能として最も適当なものを，次の①〜④の中から一つ選びなさい。　　13

① 政府に代わって税金の徴収業務を行う。
② 民間企業へ直接貸し付けを行うことで景気を調整する。
③ 市中銀行を通じた公開市場操作や政策金利の調整を行う。
④ 為替レートの安定を目的に，自由裁量で外国為替の売買を行うことができる。

問8 次のグラフは1980年から2020年における株主類型(都銀・地銀等,信託銀行,事業法人等,外国法人等,個人・その他)別の株式保有比率の推移(市場価格ベース)を示している。外国法人等の保有比率を表すものを，次の①〜④の中から一つ選びなさい。 14

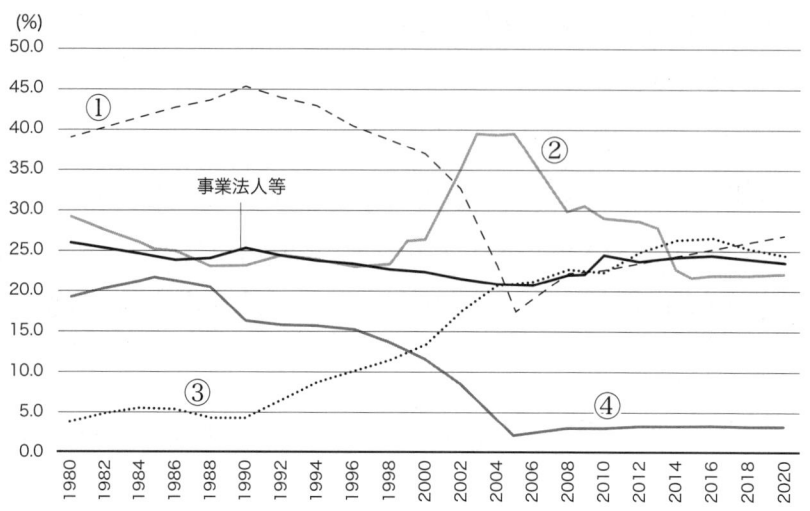

東京証券取引所「株式分布状況調査」より作成

問9 次の表は日本の一次エネルギー供給の推移を示したものである。A～Dの組み合わせとして正しいものを，次の①～④の中から一つ選びなさい。 15

(単位：%)

年度	A	B	C	D	再生可能
1970	5.6	71.9	19.9	0.6	2.0
1990	9.4	58.3	16.6	13.4	2.3
2010	17.5	44.5	22.1	11.1	4.8
2022	20.9	41.5	25.9	5.6	6.1

『データブック・オブ・ザ・ワールド2025』より作成

	A	B	C	D
①	石炭	石油	天然ガス	原子力
②	天然ガス	石油	原子力	石炭
③	石油	天然ガス	石炭	原子力
④	原子力	天然ガス	石油	石炭

問10　1950年代から1960年代の高度経済成長期，メチル水銀による中毒により中枢神経系に損傷が生じ，言語障害，運動失調，視野狭窄，精神発達遅滞などの症状をもたらした公害病として最も適当なものを，次の①～④の中から一つ選びなさい。

16

① イタイイタイ病
② 四日市ぜんそく
③ 水俣病
④ 慢性砒素中毒

問11　国富に関する記述として**適当ではないもの**を，次の①～④の中から一つ選びなさい。

17

① 土地は国富に算入される。
② 国内の金融資産は国富に算入される。
③ 海外の債券保有は国富に算入される。
④ 在庫は国富に算入される。

問12　国内総生産(GDP)の計算に含まれるものを，次の①～④の中から一つ選びなさい。

18

① 主婦が自宅で行う掃除や洗濯などの家事労働
② 株式の売買によって得た売却益
③ 中古自動車の個人間直接取引
④ 農家が自分の畑で作った野菜を自分の家族で消費すること

問13　EU(欧州連合)の拡大に関する次の出来事A〜Cを年代順に並べたものとして最も適当なものを，下の①〜④の中から一つ選びなさい。　19

　　A：ポーランド(Poland)，チェコ(Czech)など東欧諸国の加盟
　　B：イギリス(UK)，デンマーク(Denmark)，アイルランド(Ireland)の加盟
　　C：スウェーデン(Sweden)，フィンランド(Finland)，オーストリア(Austria)の加盟

①　B　→　C　→　A
②　B　→　A　→　C
③　C　→　B　→　A
④　A　→　C　→　B

問14 次の地図に示された地形の形成に関する記述として最も適当なものを，次の①〜④の中から一つ選びなさい。 20

① 海水準変動と地殻隆起の繰り返しによる階段状地形が形成された。
② 波の屈折・回折作用により運搬された砂が湾口部に堆積して形成された。
③ 山地の沈降により谷部が海に沈水して複雑な海岸線が形成された。
④ 石灰岩地域で地下水により岩石が溶解されて円形の凹地が形成された。

問15 次の図は，2020年における日本の都道府県の産業別人口構造を表している。図中のA～Dに当てはまる都道府県の組み合わせとして正しいものを，次の①～④の中から一つ選びなさい。　21

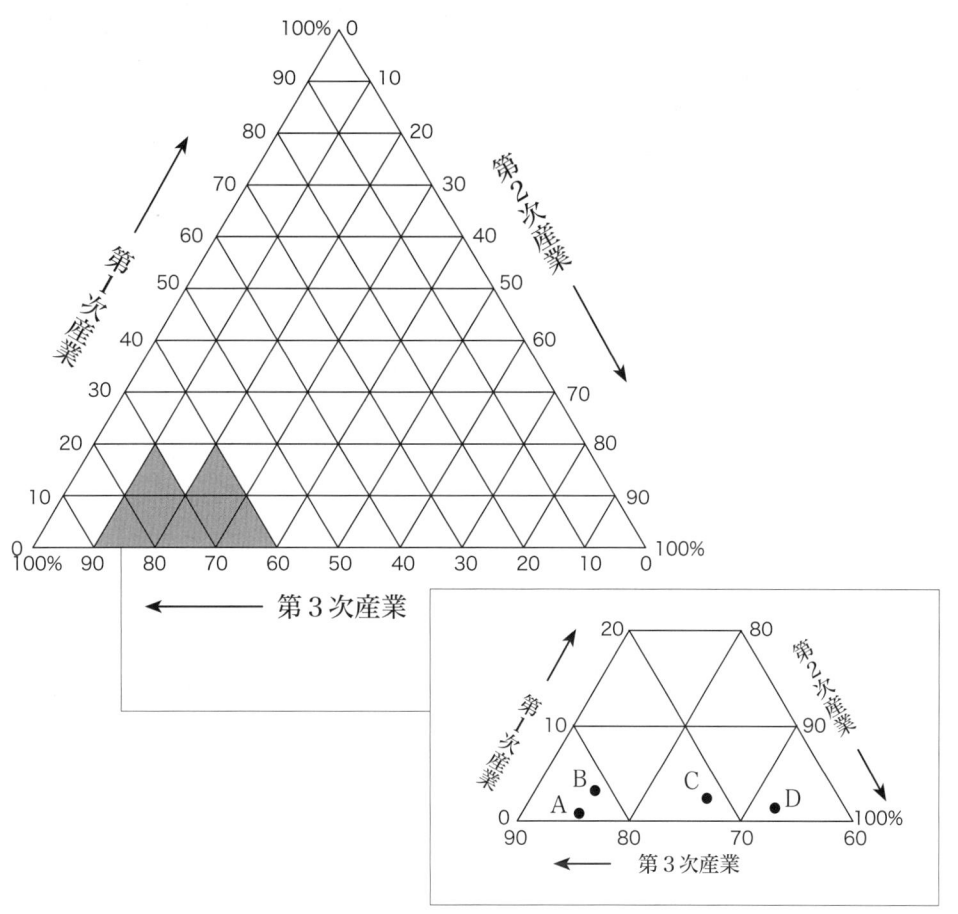

『データブック・オブ・ザ・ワールド2025』より作成

	A	B	C	D
①	東京	沖縄	広島	愛知
②	東京	愛知	沖縄	広島
③	広島	愛知	東京	沖縄
④	広島	沖縄	愛知	東京

問16 次の雨温図は，ある都市のものである。この都市として最も適当なものを，次の①〜④の中から一つ選なさい。 22

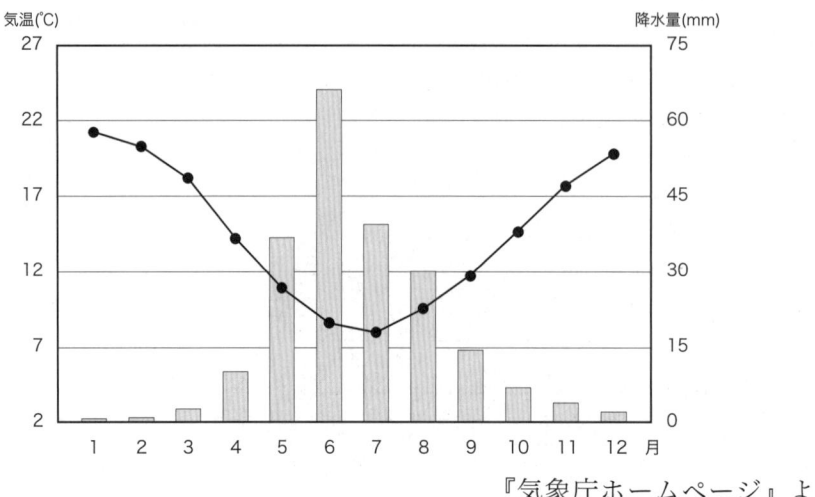

『気象庁ホームページ』より作成

① シドニー (Sidney)

② サンティアゴ (Santiago)

③ メキシコシティ (Mexico City)

④ ローマ (Rome)

問17 次のグラフは2022年のイタリア(Italy)・フランス(France)・オランダ(Netherlands)・スペイン(Spain)における食料自給率を表している。A～Dに当てはまる国名の組み合わせとして最も適当なものを，次の①～④の中から一つ選びなさい。

23

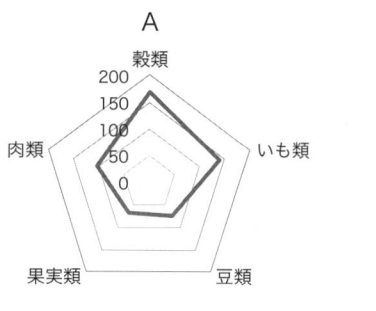
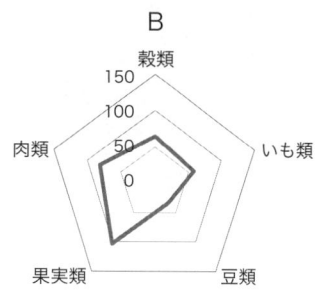
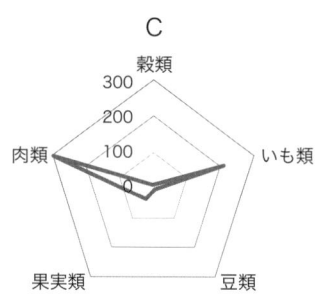
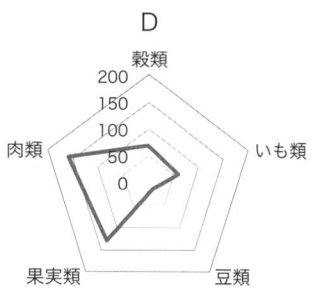

	A	B	C	D
①	フランス	イタリア	オランダ	スペイン
②	フランス	オランダ	スペイン	イタリア
③	イタリア	スペイン	オランダ	フランス
④	イタリア	オランダ	フランス	スペイン

問18 火山活動によって形成された阿蘇カルデラの位置として最も適当なものを，図中の①〜④の中から一つ選びなさい。　24

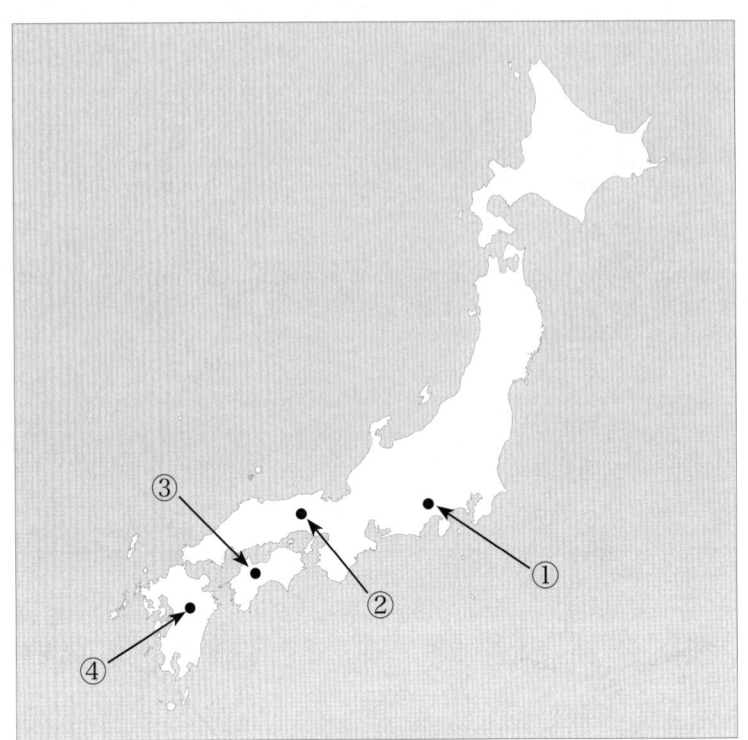

問19 次の表は2022年におけるカカオ豆の輸出国と輸入国を示している。空欄AとBに入る国名の組み合わせとして最も適当なものを，次の①〜④の中から一つ選びなさい。 25

	国・地域名	千トン	%
輸出	A	1,473	37.9
	ガーナ	494	12.7
	エクアドル	392	10.1
	ナイジェリア	260	6.7
	B	239	6.1
	合計	3,891	100
輸入	B	773	20.6
	ドイツ	473	12.6
	マレーシア	459	12.2
	アメリカ	344	9.2
	ベルギー	329	8.8
	合計	3,753	100

『データブック・オブ・ザ・ワールド2025』より作成

注) ガーナ Ghana　　　　エクアドル Ecuador
　　ナイジェリア Nigeria　　マレーシア Malaysia
　　ベルギー Belgium

	A	B
①	ケニア(Kenya)	オランダ
②	ケニア	インド
③	コートジボアール(Côte d'Ivoire)	オランダ
④	コートジボアール	インド

問20 イギリスの哲学者であるジョン・ロック(John Locke)の思想に関する記述として最も適当なものを，次の①〜④の中から一つ選びなさい。　26

① 自然状態を「万人の万人に対する闘争」であるとし，絶対的な主権者が必要であるとした。
② 人民には統治者に対する抵抗権は認められず，一度成立した政府には絶対服従すべきであるとした。
③ 人々は生命・自由・財産の自然権を保護するため，相互の同意により政府を設立するとした。
④ 個人の利益を超越した「一般意志」こそが，国家の基盤であるとした。

問21 日本の内閣の権限として**適当ではないもの**を，次の①〜④の中から一つ選びなさい。　27

① 法律案の作成
② 恩赦の決定
③ 最高裁判所長官の指名
④ 条約の承認

問22 アメリカの上院が持つ権限として適当なものを，次の①〜④の中から一つ選びなさい。　28

① 予算案の先議権
② 連邦最高裁判所判事の承認
③ 大統領の弾劾訴追
④ 条約の交渉

問23 次の文章中の空欄 a に当てはまる語として最も適当なものを，次の①〜④の中から一つ選びなさい。 29

　ドイツ三十年戦争(Thirty Years' War)は，17世紀のヨーロッパ(Europa)を巻き込んだ大規模な宗教戦争であったが，1648年のウェストファリア条約(Westphalia Treaty)により終結した。この条約により，教皇の権威は低下し，神聖ローマ帝国(Holy Roman Empire)内の領邦は「 a 」を有することができた。この点でウェストファリア条約は，近代国家体制の基礎を築いた歴史的な意義を持つとされている。

① 領土
② 主権
③ 軍隊
④ 憲法

問24 現代の国家安全保障においては，核兵器の脅威に対処する手段の一つとして「核の傘」と呼ばれる考え方がある。この「核の傘」の意味として最も適当なものを，次の①〜④の中から一つ選びなさい。 30

① 核兵器による攻撃を受けた際に，同盟国とともに直ちに反撃を行うこと
② 核保有国から一部の核兵器を自国内に配備すること
③ 核戦争に巻き込まれることを回避するために，核保有国に防衛の一部を委ねること
④ 核保有国が同盟国に対して核兵器による抑止力を提供し，その安全を保障すること

問25 アメリカの南北戦争(Civil War)の経済的背景として最も適当なものを，次の①〜④の中から一つ選びなさい。　31

① 北部が自由貿易政策を求めたのに対し，南部が国内工業保護のための保護貿易政策を求めていた。
② 南部の労働集約的プランテーション経済と北部の資本集約的工業経済が対立していた。
③ 西部開拓によって生まれた新たな市場の獲得をめぐる北部と南部の経済圏拡大競争があった。
④ アジアとの綿花貿易をめぐって北部と南部の競争があった。

問26 1963年にアフリカ(Africa)の独立国による地域機構としてOAU(アフリカ統一機構)が設立された。OAU設立当初から加盟を拒否され，1994年にOAUに加盟した国を，次の①〜④の中から一つ選びなさい。　32

① リベリア(Liberia)
② エジプト(Egypt)
③ 南アフリカ共和国(Republic of South Africa)
④ エチオピア(Ethiopia)

問27 日本の産業革命に関する説明として最も適当なものを，次の①〜④の中から一つ選びなさい。　33

① 1868年の明治維新直後から重工業中心の産業発展が始まった。
② 富岡製糸場などの官営模範工場が重要な役割を果たした。
③ 1880年代から外国資本の直接投資により急速な工業化が進展した。
④ 第一次世界大戦後に農業から工業への転換が本格化した。

問28　第一次世界大戦中にイギリスが結んだ協定に関する記述として**適当ではないもの**を，次の①～④の中から一つ選びなさい。　34

① イギリスがアラブ(Arab)人とユダヤ(Jew)人の双方に矛盾する約束をしていた。
② イタリアの参戦と引き換えに領土獲得を約束した。
③ トルコ(Turkey)にオスマン帝国(Ottoman Empire)からの独立を約束した。
④ 戦争への参戦の代わりにインドの自治を約束した。

問29　アロー戦争(Arrow War)は19世紀後半の中国と西洋諸国の関係に重要な影響を与えた。その結果として最も適当なものを，次の①～④の中から一つ選びなさい。　35

① 上海など5つの港が開港された。
② フランスがベトナム(Vietnam)を保護国化した。
③ 中国は香港(Hongkong)をイギリスに割譲した。
④ キリスト教布教の自由が認められた。

問30　20世紀初頭，海軍力の制限と中国進出への制約により，日本の勢力拡大が抑制された国際会議を，次の①～④の中から一つ選びなさい。　36

① パリ講和会議(Paris Peace Conference)
② ワシントン会議(Washington Naval Conference)
③ ハーグ万国平和会議(The Hague Peace Conference)
④ ジュネーブ4巨頭会議(Geneva Summit)

問31　ソ連(USSR)の唯一の大統領として改革政策を実施した指導者は誰か。正しいものを，次の①〜④の中から一つ選びなさい。　37

① ボリス・エリツィン(Boris Yeltsin)
② フルシチョフ(Nikita Khrushchev)
③ ブレジネフ(Leonid Brezhnev)
④ ゴルバチョフ(Mikhail Gorbachev)

問32　第一次世界大戦中の次の出来事A〜Dを年代順に並べたものとして正しいものを，下の①〜④の中から一つ選びなさい。　38

A：ロシア革命(Russian Revolution)によるロマノフ(Romanov)王朝の崩壊
B：サラエボ(Sarajevo)でオーストリア皇太子夫妻の暗殺
C：ブレスト・リトフスク条約(Treaty of Brest-Litovsk)の締結
D：タンネンベルクの戦い(Battle of Tannenberg)

① B → A → C → D
② B → D → A → C
③ C → B → A → D
④ C → A → B → D

正解

解説

総合科目

模擬テスト

第1回　正解

問	解答番号	正解	難易度
問1	1	④	★★★
	2	①	★★
	3	②	★★
	4	④	★★
問2	5	①	★★
	6	③	★★
	7	③	★
	8	②	★
問3	9	③	★★★
問4	10	④	★★
問5	11	④	★★
問6	12	②	★★
問7	13	②	★★★
問8	14	②	★★★
問9	15	③	★
問10	16	④	★★
問11	17	③	★★★
問12	18	④	★★
問13	19	④	★★★

問	解答番号	正解	難易度
問14	20	①	★★
問15	21	①	★
問16	22	③	★
問17	23	④	★★
問18	24	④	★★
問19	25	①	★★★
問20	26	②	★★
問21	27	②	★★
問22	28	①	★★★
問23	29	③	★★
問24	30	②	★★
問25	31	②	★★
問26	32	①	★★★
問27	33	②	★★
問28	34	②	★★
問29	35	①	★★
問30	36	③	★★
問31	37	①	★★
問32	38	③	★★

第1回　解説

問1 (1) ① 正解 ④
難易度 ★★★
キーワード 55年体制の成立
ポイント 1955年に自由党と民主党が合同して自民党が成立し，55年体制が始まった。

問1 (2) ② 正解 ①
難易度 ★★
キーワード 1970年代の家電普及
ポイント 1950-60年代に家電三種の神器と3Cが順次普及した。

問1 (3) ③ 正解 ②
難易度 ★★
キーワード 農業基本法制定
ポイント 農業基本法が制定され，農業の近代化が図られ農業人口減少に対応した。

問1 (4) ④ 正解 ④
難易度 ★★
キーワード ドル・ショック（ニクソン・ショック）
ポイント ニクソン大統領はドルと金の交換を一時停止し，その後，スミソニアン体制に移った。

問2 (1) ⑤ 正解 ①
難易度 ★★
キーワード 第一次石油危機前後の年代順
ポイント スエズ国有化(1956)→OAPEC設立(1968)→石油危機(1973)→イラン革命(1979)の順で進行した。

問2 (2) ⑥ 正解 ③
難易度 ★★
キーワード フランスの半大統領制
ポイント フランスは第五共和制で半大統領制を採用し，大統領に強い権限がある。

問2 (3) ⑦ 正解 ③
難易度 ★
キーワード イタリアの首都ローマの位置
ポイント イタリアの首都ローマは国の中央西部に位置する。

問2 (4) ⑧ 正解 ②
難易度 ★
キーワード 1992年地球サミット
ポイント 地球サミットでは持続可能な開発を目指し，リオ宣言とアジェンダ21が採択された。

問3 ⑨ 正解 ③
難易度 ★★★
キーワード 環境税の経済効果
ポイント 環境税の導入により価格は上昇し，供給量と取引量は減少する。

問4 ⑩ 正解 ④
難易度 ★★
キーワード シュンペーターの創造的破壊
ポイント シュンペーターは企業家による新結合（イノベーション）を経済成長の源とした。

問5 [11] 正解 ④

難易度 ★★
キーワード 国際収支の金融収支計算
ポイント 経常収支＋資本移転等収支－金融収支＋誤差脱漏＝0，これによって90になる。

問6 [12] 正解 ②

難易度 ★★
キーワード 遅行指数の例
ポイント 遅行指数は完全失業率，先行指数は設備投資額である。

問7 [13] 正解 ②

難易度 ★★★
キーワード 日本の金融制度
ポイント マネーストックの構成要素の中では預金通貨の割合が最大で，現金通貨よりも大きい。

問8 [14] 正解 ②

難易度 ★★★
キーワード 1990年以降の金融制度変化
ポイント 1990年代以降，金融ビッグバンの一環として金融持株会社が解禁された。

問9 [15] 正解 ③

難易度 ★
キーワード GATT（関税貿易一般協定）
ポイント GATTでは加盟国が恣意的に関税率を決定することは認められない。

問10 [16] 正解 ④

難易度 ★★
キーワード 一人当たり国民総所得ランキング
ポイント GNIの上位国は欧州の小国や資源国が多く，人口とは比例しない。

問11 [17] 正解 ③

難易度 ★★★
キーワード 国民所得の計算概念
ポイント 中古車売買は新たな付加価値を生み出したとみなされないため，国民所得に含まれない。

問12 [18] 正解 ④

難易度 ★★
キーワード ユーロ使用国
ポイント 北欧4国中フィンランドのみユーロを使用している。

問13 [19] 正解 ④

難易度 ★★★
キーワード ペルシア湾の地理
ポイント イランはペルシャ湾に面していて，湾の出口に位置するのがホルムズ海峡。

問14 [20] 正解 ①

難易度 ★★
キーワード 地球の大気大循環
ポイント 赤道へ向かっているのが貿易風，中緯度高圧帯から高緯度低圧帯へ吹くのが偏西風である。

問15 [21] 正解 ①

難易度 ★
キーワード 三角図による産業構成読み取り
ポイント 第一次産業は20％未満，第二次産業と第三次産業は約50％である。

問16 [22] 正解 ③

難易度 ★
キーワード 原子力発電所設備容量
ポイント フランスは原発依存率が高く，設備容量も世界的に上位。

問17 23 正解 ④

難易度 ★★
キーワード 経済地域の構成国
ポイント USMCA の構成国であり，C に該当するのはカナダである。

問18 24 正解 ④

難易度 ★★
キーワード 各国の輸出品目特徴
ポイント スリランカは茶，ボツワナはダイヤモンドが主要輸出品である。

問19 25 正解 ①

難易度 ★★★
キーワード ルソーの一般意思
ポイント ルソーは一般意志に基づく統治を主張し，人民主権を重視した。

問20 26 正解 ②

難易度 ★★
キーワード 日本の直接請求権
ポイント 知事・市町村長も住民による解職請求の対象である。

問21 27 正解 ②

難易度 ★★
キーワード 国民主権発展の年代順
ポイント ヴァージニア権利章典→人権宣言→ゲティスバーグ演説の順。

問22 28 正解 ①

難易度 ★★★
キーワード 日本の司法制度
ポイント 合憲性審査権は最高裁の専権ではなく下級裁判所も保有する。

問23 29 正解 ③

難易度 ★★
キーワード 小選挙区比例代表並立制
ポイント 小選挙区で落選しても比例名簿で復活当選することがある。

問24 30 正解 ②

難易度 ★★
キーワード アメリカ大統領制
ポイント 大統領は法案提出はできないが，一般教書で立法方針を示す。

問25 31 正解 ②

難易度 ★★
キーワード PKO協力法（国際平和協力法）
ポイント 湾岸戦争後の国際貢献策として PKO協力法が成立した。

問26 32 正解 ①

難易度 ★★★
キーワード 平和のための結集決議
ポイント 朝鮮戦争に対する対応として『平和のための結集』決議が出された。

問27 33 正解 ②

難易度 ★★
キーワード 下関条約
ポイント 日清戦争終結に伴い下関条約が締結され，台湾が割譲された。

問28 34 正解 ②

難易度 ★★
キーワード ガンディーの独立運動
ポイント ガンディーは非暴力・不服従でイギリスの植民地支配に抵抗した。

問29 35 正解 ①

難易度　★★
キーワード　フランス革命前の社会
ポイント　聖職者・貴族は税の特権を持ち，第三身分に負担が集中した。

問30 36 正解 ③

難易度　★★
キーワード　ヴィルヘルム2世の世界政策
ポイント　ヴィルヘルム2世は世界政策を推進し，イギリスと対立を深めた。

問31 37 正解 ①

難易度　★★
キーワード　GHQ/SCAPの占領統治
ポイント　GHQはマッカーサー主導の間接統治を行い，民主化を進めた。

問32 38 正解 ③

難易度　★★
キーワード　1930-40年代ヨーロッパ年代順
ポイント　オーストリア併合→独ソ不可侵→ポーランド侵攻→スターリングラードの順。

第2回　正解

問	解答番号	正解	難易度	問	解答番号	正解	難易度
問1	1	①	★★	問14	20	①	★★
問1	2	①	★★★	問15	21	①	★★
問1	3	④	★★★	問16	22	④	★★
問1	4	②	★★	問17	23	④	★★
問2	5	③	★★	問18	24	②	★★
問2	6	④	★★	問19	25	①	★★
問2	7	①	★★	問20	26	②	★★
問2	8	②	★★	問21	27	④	★
問3	9	③	★★	問22	28	①	★★
問4	10	②	★★	問23	29	②	★★
問5	11	③	★★★	問24	30	②	★★
問6	12	④	★	問25	31	③	★★
問7	13	③	★★★	問26	32	①	★★★
問8	14	②	★★★	問27	33	③	★★
問9	15	③	★★	問28	34	①	★★
問10	16	①	★★	問29	35	③	★
問11	17	③	★★	問30	36	②	★★
問12	18	③	★★	問31	37	④	★★
問13	19	①	★★	問32	38	②	★★

第2回 解説

問1 (1) 1 正解 ①

難易度 ★★
キーワード 冷戦の終結
ポイント ゴルバチョフ就任(1985)→ベルリンの壁崩壊(1989)→マルタ会談(1989)の順である。

問1 (2) 2 正解 ①

難易度 ★★★
キーワード ソ連の崩壊と独立国家共同体
ポイント バルト三国はCISに加盟せず，独自路線を取った。

問1 (3) 3 正解 ④

難易度 ★★★
キーワード 核軍縮
ポイント STARTは1982年から始まった米ソ間で戦略核の削減を目指した交渉である。

問1 (4) 4 正解 ②

難易度 ★★
キーワード 第二次世界大戦と主な会談
ポイント ヤルタ会談はクリミア半島で開かれ，戦後処理が話し合われた。

問2 (1) 5 正解 ③

難易度 ★★
キーワード ドイツ経済
ポイント ドイツは輸出中心で，機械・自動車の輸出額が日本を超える。1990年代には統一によって経済が低迷した。

問2 (2) 6 正解 ④

難易度 ★★
キーワード 環境・排出量
ポイント CO_2排出量は中国が最も多く，その次がアメリカである。インドは一人当たり排出量が小さい。

問2 (3) 7 正解 ①

難易度 ★★
キーワード エネルギー政策
ポイント ブラジルは水力の割合が高い。スウェーデンは水力と原子力が高く，サウジアラビアは火力の割合が圧倒的に高い。

問2 (4) 8 正解 ②

難易度 ★★
キーワード 貿易構造
ポイント イタリアの主要輸出品に自動車・衣類が含まれる。衣類は高級ブランドが多い。

問3 9 正解 ③

難易度 ★★
キーワード 需要と供給
ポイント 価格が60の時，需要量はY，供給量はWとなりY-W分だけ供給不足が生じる。①価格150の時供給過剰 ②均衡価格は100 ④社会的余剰が最大となるのは均衡点においてである。

問4 10 正解 ②

難易度 ★★
キーワード 幕末の貿易
ポイント 金銀比価の差により「銀貨15枚→金貨3枚→銀貨45枚」となり，日本で金の流出が起こる。

問5　11　正解 ③

難易度　★★★
キーワード　比較生産費
ポイント　A国が農産品生産を1単位減らすと，手が空いた4人の労働者で工業製品を2単位増産できる。B国が農産品生産を1単位増やすには6人が必要で，この労働者を工業製品部門から移すため，工業製品は0.5単位減産される。全体では，A国の増産2単位からB国の減産0.5単位を差し引いて，工業製品が1.5単位増加する。

問6　12　正解 ④

難易度　★
キーワード　主な経済学者
ポイント　ケインズは有効需要創出による完全雇用を主張した。

問7　13　正解 ③

難易度　★★★
キーワード　ニクソンショック
ポイント　1971年ニクソン・ショックの背景は米ドルへの信頼が低下し，米ドルを金に交換しようとする動きが相次いだことである。

問8　14　正解 ②

難易度　★★★
キーワード　経済成長率の計算
ポイント　2024年実質GDP＝名目GDP÷GDPデフレーター＝504÷0.96＝525兆円。2023年実質GDP＝500÷1.00＝500兆円。実質経済成長率＝(525−500)/500×100＝5%。

問9　15　正解 ③

難易度　★★
キーワード　金融政策
ポイント　好況時には有価証券売却により資金を回収する。

問10　16　正解 ①

難易度　★★
キーワード　日本の財政構造
ポイント　コロナ禍で大規模に財政出動をしたことにより国債発行が急増した。

問11　17　正解 ③

難易度　★★
キーワード　為替相場の変動要因
ポイント　海外で得た収益が国内にもどってくると円の需要が増え，円高になる。

問12　18　正解 ③

難易度　★★
キーワード　各国の高齢化と租税負担率
ポイント　ドイツは日本ほどではないが高齢化率が高く，スウェーデンよりは国民負担率が高くないため，Cが該当する。

問13　19　正解 ①

難易度　★★
キーワード　地球サミット
ポイント　地球サミット(1992)で生物多様性条約が採択された。

問14　20　正解 ①

難易度　★★
キーワード　EUの原加盟国
ポイント　イギリスは1973年EUの前身であるECに加盟したため，原加盟国ではない。

問15　21　正解 ①

難易度　★★
キーワード　大圏コース
ポイント　東京・米東部間の大圏コースはアラスカを通過する。

問16　22　正解 ④

難易度　★★
キーワード　日本の貿易相手国
ポイント　日本はオーストラリアへの輸出は少なく輸入が多いため大幅な貿易赤字を記録している。主要輸入品は鉄鉱石，石炭などの資源である。

問17　23　正解 ④

難易度　★★
キーワード　時差の計算
ポイント　時差14時間を考慮し東京出発は5月3日午前10時である。

問18　24　正解 ②

難易度　★★
キーワード　世界の地理・言語分布
ポイント　スペイン語は植民地の歴史からの影響で大陸別になると最も多いのは南北アメリカ大陸である。

問19　25　正解 ①

難易度　★★
キーワード　ケッペンの気候区分
ポイント　地中海性気候のグラフである。ロンドン，パリは西岸海洋気候である。

問20　26　正解 ②

難易度　★★
キーワード　大正デモクラシーと治安維持法
ポイント　治安維持法は共産主義思想の取り締まりを目的とした。

問21　27　正解 ④

難易度　★
キーワード　地方自治制度・三権分立
ポイント　地方公共団体が持つ権利として適当でないのは自主司法権である。司法権は国家固有の権限で地方自治体が行使することはできない。

問22　28　正解 ①

難易度　★★
キーワード　議会制民主主義・行政監督機能
ポイント　近年議会が行政監督の役割を十分に果たせない理由は，行政の活動が高度に専門化されており，議会による実質的な監視が困難になっているためである。

問23　29　正解 ②

難易度　★★
キーワード　内閣の権限
ポイント　臨時国会は内閣およびどちらかの総議員の1/4以上の要求がある場合，招集できる。

問24　30　正解 ②

難易度　★★
キーワード　公共の福祉
ポイント　憲法第22条第1項に「何人も，公共の福祉に反しない限り，居住，移転及び職業選択の自由を有する」と明文で規定されている。

問25　31　正解 ③

難易度　★★
キーワード　違憲立法審査権
ポイント　審査対象は法律に限られておらず，行政機関の命令・規則，さらには個別の行政処分まで含まれる。

問26 [32] 正解 ①

難易度 ★★★
キーワード 第一次世界大戦と独立
ポイント オーストリア＝ハンガリー帝国が解体し，ハンガリー王国が分離独立した。

問27 [33] 正解 ③

難易度 ★★
キーワード 国際連合の意思決定方法
ポイント 国際連合(UN)の安全保障理事会では常任理事国と非常任理事国が1票ずつ与えられ，常任理事国にのみ拒否権が付与されている。

問28 [34] 正解 ①

難易度 ★★
キーワード 1920年代の出来事
ポイント ロカルノ条約は1920年代の重要な出来事であり，ベルサイユ条約で定められたラインラントの非武装化を再確認した。

問29 [35] 正解 ③

難易度 ★
キーワード 核軍縮
ポイント 東西対立による軍備競争時代に核戦争による人類絶滅の危機を訴えて反核・平和運動を主導し，1995年ノーベル平和賞を受賞した団体はパグウォッシュ会議である。

問30 [36] 正解 ②

難易度 ★★
キーワード 冷戦のできごと
ポイント アフガニスタン侵攻は1979年ブレジネフ時代に開始され，ゴルバチョフはむしろ撤兵を推進した。

問31 [37] 正解 ④

難易度 ★★
キーワード 19世紀末から20世紀初頭の重要事件
ポイント 三国同盟(1882)→サラエボ事件(1914)→ヴィルヘルム二世退位(1918)→ワイマール憲法公布(1919)

問32 [38] 正解 ②

難易度 ★★
キーワード イギリス連邦
ポイント ウェストミンスター憲章（1931年）はカナダ，オーストラリア，ニュージーランドなどのイギリス自治領に立法上の自治権を付与した憲法的文書である。

第3回　正解

問	解答番号	正解	難易度	問	解答番号	正解	難易度
問1	1	③	★★★	問14	20	④	★★
問1	2	①	★★	問15	21	②	★★
問1	3	④	★★★	問16	22	②	★★
問1	4	③	★★	問17	23	④	★★★
問2	5	④	★★★	問18	24	④	★
問2	6	③	★★	問19	25	①	★★
問2	7	④	★★★	問20	26	③	★★
問2	8	①	★★	問21	27	③	★★★
問3	9	②	★★★	問22	28	③	★★
問4	10	①	★★	問23	29	②	★
問5	11	②	★★	問24	30	①	★★
問6	12	②	★	問25	31	①	★★
問7	13	②	★★★	問26	32	④	★
問8	14	②	★★★	問27	33	④	★★
問9	15	④	★★	問28	34	①	★★
問10	16	②	★★	問29	35	④	★★
問11	17	③	★★	問30	36	③	★★
問12	18	④	★★	問31	37	③	★★★
問13	19	④	★★	問32	38	④	★★

第3回　解説

問1 (1) １　正解 ③
難易度　★★★
キーワード　第一次世界大戦と日本
ポイント　第一次世界大戦で日本は太平洋のドイツ支配地域（マーシャル諸島等）を攻撃し委任統治領として獲得した。

問1 (2) ２　正解 ①
難易度　★★
キーワード　オーストリア＝ハンガリー帝国
ポイント　オーストリア＝ハンガリー帝国は1867年アウスグライヒ（妥協）によりハンガリーを別個の国家として認めたが王位はオーストリア皇帝が兼ねる二重君主制であった。

問1 (3) ３　正解 ④
難易度　★★★
キーワード　スイスの政治制度
ポイント　スイスは26州から成る連邦制で多言語・直接民主制が特徴である。

問1 (4) ４　正解 ③
難易度　★★
キーワード　国際連盟の創設
ポイント　国際連盟はアメリカのウィルソン大統領の提唱で設立されたがアメリカは議会の反対により加盟しなかった。

問2 (1) ５　正解 ④
難易度　★★★
キーワード　マーシャルプランの受け入れ国
ポイント　マーシャルプランは西欧諸国復興援助計画であり、ソ連・東欧は受け入れを拒否した。トルコはアメリカ側であった。

問2 (2) ６　正解 ③
難易度　★★
キーワード　GDPが大きい順
ポイント　参加国のGDP順位はアメリカ→イギリス→スウェーデンの順。

問2 (3) ７　正解 ④
難易度　★★★
キーワード　1964年の日本
ポイント　1964年日本のOECD加盟と同時にIMF8条国に移行し為替の自由化が行われた。

問2 (4) ８　正解 ①
難易度　★★
キーワード　南米独立運動
ポイント　コロンビアはシモン・ボリバルの指導によりスペインから共和国として独立した。

問3 ９　正解 ②
難易度　★★★
キーワード　税制
ポイント　グラフは累進税率を示すもので、所得が増加するほど税率が高くなる構造である。

問4 10　正解 ①
難易度　★★
キーワード　サッチャリズム
ポイント　サッチャリズムは国有企業の民営化と規制緩和を通じた新自由主義政策が特徴である。

問5 ⑪ 正解 ②

難易度 ★★
キーワード フローとストック
ポイント 失業率は量ではないため，フローでもストックでもなく，新規雇用者数はフロー（期間中の変化量）である。

問6 ⑫ 正解 ②

難易度 ★
キーワード 世界大恐慌とケインズ
ポイント ケインズは『雇用・利子および貨幣の一般理論』で政府による裁量的財政政策の必要性を論じた。

問7 ⑬ 正解 ②

難易度 ★★★
キーワード 金本位制の特徴と歴史
ポイント 国際金本位制は19世紀に確立，第一次世界大戦で停止後1920年代に主要国が復帰した。

問8 ⑭ 正解 ②

難易度 ★★★
キーワード 国際収支
ポイント 経常収支は貿易収支と似た動きをするが，近年赤字になったことがない。

問9 ⑮ 正解 ④

難易度 ★★
キーワード コーポレート・ガバナンス
ポイント コーポレート・ガバナンスの例として社外取締役の導入と活用が最も適当。

問10 ⑯ 正解 ②

難易度 ★★
キーワード 石油危機
ポイント 1973年オイルショックにより物価が上昇するが，景気も悪化するスタグフレーションが発生した。

問11 ⑰ 正解 ③

難易度 ★★
キーワード GATT，WTOの特徴
ポイント WTOではGATTで対象外だったサービス貿易や知的財産権の保護も枠組みに含まれた。

問12 ⑱ 正解 ④

難易度 ★★
キーワード 国民負担率
ポイント 日本は国民負担率がヨーロッパの国より低いがアメリカよりは高い水準である。

問13 ⑲ 正解 ④

難易度 ★★
キーワード ヨーロッパ統合
ポイント フィンランドとスウェーデンは1995年にEUに加盟した。

問14 ⑳ 正解 ④

難易度 ★★
キーワード 日本のエネルギー
ポイント aは石炭，bは石油，cは天然ガス・都市ガス，dは原子力である。

問15 ㉑ 正解 ②

難易度 ★★
キーワード 気候区分
ポイント ハイサーグラフは西岸海洋性気候を示す。②オランダが正解

問16 22 正解 ②

難易度 ★★
キーワード 偏西風と飛行時間
ポイント 西から東に吹く偏西風の影響で西から東に行く時に時間が短縮される。したがってaは2時間，bは偏西風が正答である。

問17 23 正解 ④

難易度 ★★★
キーワード 都市人口率と経済成長
ポイント 1950-2018年の都市化率変化を見るとAは日本（高度化された先進国），Bは南アフリカ（中間水準），Cはイギリス（早期都市化），Dはパキスタン（低開発）に該当する。

問18 24 正解 ④

難易度 ★
キーワード 世界の主な山脈
ポイント アパラチア山脈はアメリカ合衆国に位置している。

問19 25 正解 ①

難易度 ★★
キーワード 世界人口予測
ポイント 地域別将来人口予測でAはアフリカ（急増），Bはヨーロッパ（減少），Cは北アメリカ（緩やかな増加），Dはオセアニア（増加）に該当する。

問20 26 正解 ③

難易度 ★★
キーワード 立憲主義と違憲審査制
ポイント 違憲審査制は司法部が立法部と行政部の行為を憲法に照らして審査する制度で立憲主義を制度的に保障する。

問21 27 正解 ③

難易度 ★★★
キーワード 違憲判決の事例と砂川事件
ポイント ③砂川事件は最高裁判所では統治行為論を適用して合憲判決を下した。他の事件はすべて違憲判決が確定した。

問22 28 正解 ③

難易度 ★★
キーワード 日本の選挙制度
ポイント 参議院選挙は選挙区選挙と比例代表選挙の両方で行われる。

問23 29 正解 ②

難易度 ★
キーワード 国民の義務
ポイント 日本国憲法に環境保全の義務は明文規定されていない。

問24 30 正解 ①

難易度 ★★
キーワード 地方自治制度
ポイント 都道府県と市町村は法的に上下関係がなく，それぞれ独立した地方公共団体である。

問25 31 正解 ①

難易度 ★★
キーワード ベルギー独立
ポイント ベルギーは1831年オランダから独立した。

問26 32 正解 ④

難易度 ★
キーワード 産業革命
ポイント イギリス産業革命ではワットの蒸気機関改良により様々な工場での利用が拡大した。

問27 33 正解 ④

難易度 ★★
キーワード 国際紛争
ポイント イスラエル・パレスチナ紛争は1948年から始まり，オスロ協定はあったが常設国連軍が派遣されたわけではない。

問28 34 正解 ①

難易度 ★★
キーワード キューバ危機
ポイント 1962年キューバ危機でソ連との核戦争を回避したのはケネディ大統領である。

問29 35 正解 ④

難易度 ★★
キーワード 第二次世界大戦史
ポイント 独ソ不可侵(1939)→ポーランド侵攻(1939)→スターリングラード(1942-43)→ノルマンディー上陸(1944)

問30 36 正解 ③

難易度 ★★
キーワード ウィーン会議とメッテルニヒ
ポイント ウィーン会議で「正統主義」原則を掲げ中心的役割を果たしたのはメッテルニヒである。

問31 37 正解 ③

難易度 ★★★
キーワード ナポレオン3世
ポイント ナポレオン3世はイタリア統一運動でオーストリアに対抗するサルデーニャ王国を支援した。

問32 38 正解 ④

難易度 ★★
キーワード 幕末開港
ポイント 函館（箱館）は1859年開港した北海道南部の港湾都市である。

第4回　正解

問	解答番号	正解	難易度
問1	1	①	★★
問1	2	②	★★
問1	3	①	★★★
問1	4	④	★★
問2	5	①	★★
問2	6	③	★★★
問2	7	④	★★
問2	8	②	★★
問3	9	④	★★
問4	10	①	★★
問5	11	③	★★
問6	12	③	★★
問7	13	②	★★
問8	14	②	★★
問9	15	②	★★
問10	16	④	★★
問11	17	②	★★★
問12	18	②	★★
問13	19	①	★★
問14	20	④	★★
問15	21	②	★★★
問16	22	④	★★
問17	23	①	★★
問18	24	③	★
問19	25	③	★★★
問20	26	④	★★
問21	27	③	★★
問22	28	②	★★
問23	29	④	★★
問24	30	④	★
問25	31	①	★
問26	32	②	★
問27	33	③	★★
問28	34	②	★
問29	35	②	★★
問30	36	②	★★★
問31	37	①	★★★
問32	38	②	★★

第4回　解説

問1 (1) 1　正解 ①
- 難易度　★★
- キーワード　地理座標
- ポイント　シドニー(東経151°)→東京(東経140°)→マニラ(東経120°)→シンガポール(東経104°)

問1 (2) 2　正解 ②
- 難易度　★★
- キーワード　南米独立運動
- ポイント　南米独立運動でボリバルが指導したのはベネズエラである。

問1 (3) 3　正解 ①
- 難易度　★★★
- キーワード　冷戦と同盟
- ポイント　1951年米比相互防衛条約締結の背景は冷戦開始によりアメリカが共産主義拡大防止のためアジア太平洋同盟強化を図ったことにある。

問1 (4) 4　正解 ④
- 難易度　★★
- キーワード　環太平洋造山帯
- ポイント　環太平洋造山帯はパナマを含む。

問2 (1) 5　正解 ①
- 難易度　★★
- キーワード　幕末開国と国際情勢
- ポイント　1853年ペリー来航時，ヨーロッパ列強はクリミア戦争(1853-1856)で東アジア進出に余裕がなかった。

問2 (2) 6　正解 ③
- 難易度　★★★
- キーワード　日本の気候
- ポイント　新潟は東海(日本海)側気候で冬の降水量が多い。

問2 (3) 7　正解 ④
- 難易度　★★
- キーワード　自由貿易論
- ポイント　デイヴィッド・リカードは比較優位論により自由貿易が経済的利益につながると主張した。

問2 (4) 8　正解 ②
- 難易度　★★
- キーワード　幕末貿易
- ポイント　1859年開港後，日本の主要輸出品は生糸で貿易額の大部分を占めた。

問3 9　正解 ④
- 難易度　★★
- キーワード　GNIと国民所得
- ポイント　GNI(国民総所得)は現代では国民総生産(GNP)より多く使用される国際統計である。

問4 10　正解 ①
- 難易度　★★
- キーワード　デフレーションの特徴
- ポイント　デフレーションは名目賃金下落，通貨価値上昇，債務負担増加を招く。

| 問5 | 11 | 正解 ③ |

難易度 ★★
キーワード 日本の国際収支の推移
ポイント 海外投資収益などにより日本の第1次所得収支は増加傾向である。

| 問6 | 12 | 正解 ③ |

難易度 ★★
キーワード 市場の失敗の事例
ポイント 情報の非対称による逆選択は市場失敗の代表的事例である。

| 問7 | 13 | 正解 ② |

難易度 ★★
キーワード 税制分類
ポイント 国税の中で間接税に該当するのは関税である。所得税は国税・直接税，自動車税と住民税は地方税に該当する。

| 問8 | 14 | 正解 ② |

難易度 ★★
キーワード 国際通貨制度史
ポイント ブレトンウッズ会議(1944)→IMF設立(1945)→ニクソンショック(1971)→キングストン合意(1976)

| 問9 | 15 | 正解 ② |

難易度 ★★
キーワード 日本の金融改革と金融ビックバン
ポイント 1990年代バブル崩壊後，金融ビッグバンなど金融市場の規制撤廃・緩和が積極的に行われた。

| 問10 | 16 | 正解 ④ |

難易度 ★★
キーワード 団結権と団体交渉権
ポイント アメリカで労働者の団結権・団体交渉権を保障したのはワーグナー法である。

| 問11 | 17 | 正解 ② |

難易度 ★★★
キーワード 外貨準備高
ポイント 日本は中国の急激な増加によって1位から2位に順位を下げた。アメリカは相対的に低い水準，インドは最近増加傾向を示している。

| 問12 | 18 | 正解 ② |

難易度 ★★
キーワード CO_2排出量
ポイント アメリカのCO_2排出量の特徴は総排出量が多く1人当たり排出量も高いが，1990年比でやや減少したことである。現在は中国が最も多い。

| 問13 | 19 | 正解 ① |

難易度 ★★
キーワード 対蹠点計算
キーワード カイロ（東経31°13'，北緯30°3'）の対蹠点は南緯30°3'，西経148°47'

| 問14 | 20 | 正解 ④ |

難易度 ★★
キーワード オーストラリアの気候
ポイント オーストラリア南西部aは地中海性気候(Cs)，南東部bは西岸海洋性気候(Cfb)，東部cは温暖湿潤気候(Cfa)に該当する。

問15　21　正解②

難易度	★★★
キーワード	農業生産
ポイント	大豆生産量2位(33.4%)はアメリカである。

問16　22　正解④

難易度	★★
キーワード	カナダの言語
ポイント	カナダでフランス語が最も広く使用されるのは②ケベック州。

問17　23　正解①

難易度	★★
キーワード	貿易統計
ポイント	Aはオーストラリア，Bはイギリス，Cはベルギー，Dは中国

問18　24　正解③

難易度	★
キーワード	キューバの産業
ポイント	キューバの伝統的主要輸出品は砂糖である。

問19　25　正解③

難易度	★★★
キーワード	フランス政治制度
ポイント	フランスは大統領制で，大統領に閣僚任命権など強大な権限が与えられている。

問20　26　正解④

難易度	★★
キーワード	政党制の特徴
ポイント	多党制は国民の多様な意見が反映され，政策の軌道修正など弾力的国政運営ができる。

問21　27　正解③

難易度	★★
キーワード	フランス人権宣言
ポイント	フランス人権宣言(1789年)には言論の自由が明記されている。

問22　28　正解②

難易度	★★
キーワード	地方自治制度
ポイント	日本の地方自治では住民の意向(直接請求権)により議会解散(リコール)が可能である。

問23　29　正解④

難易度	★★
キーワード	行政国家
ポイント	行政機関の政令や省令制定は原則として法律の委任に基づいて行われる。

問24　30　正解④

難易度	★
キーワード	国際法の特徴
ポイント	国際法を立法する唯一の機関は存在しない。

問25　31　正解①

難易度	★
キーワード	ウィーン体制
ポイント	ウィーン体制は君主・貴族による保守的政治が行われた時期。

問26　32　正解②

難易度	★
キーワード	アフリカ諸国の独立
ポイント	第二次大戦後アフリカで最初に独立した国家はリビア(1951年)である。ガーナは1957年，エジプトは1922年(形式的)，モロッコは1956年独立した。

問27 33 正解 ③

難易度 ★★
キーワード アヘン戦争
ポイント アヘン戦争直後の南京条約（1842年）で中国は5港開港，香港割譲など西欧列強に門戸開放し通商を認めた。

問28 34 正解 ②

難易度 ★
キーワード マーシャルプラン
ポイント 戦後西欧復興のためアメリカが行った対ソ戦略はマーシャルプランである。

問29 35 正解 ②

難易度 ★★
キーワード 産業革命
ポイント エンクロージャー運動により農村過剰人口が都市に流入して産業革命を支え，綿工業が中心となった。

問30 36 正解 ②

難易度 ★★★
キーワード ベバリッジ報告書，アトリー
ポイント ベバリッジ報告書（1942年）の提言に基づき戦後イギリスで本格的福祉国家政策を実現したのはアトリー労働党内閣（1945-1951）。

問31 37 正解 ①

難易度 ★★★
キーワード 脱スターリン化
ポイント 1956年フルシチョフのスターリン批判後，ハンガリーで反ソ暴動が起こり，スターリン体制下で影響力を持っていたコミンフォルムが解散した。

問32 38 正解 ②

難易度 ★★
キーワード 石油危機
ポイント 第一次石油危機の対処のため先進国首脳会議（G5）が開かれた。

第5回 正解

問	解答番号	正解	難易度	問	解答番号	正解	難易度
問1	1	④	★★	問14	20	③	★★
問1	2	③	★★	問15	21	③	★★
問1	3	①	★★★	問16	22	③	★
問1	4	④	★★	問17	23	①	★★★
問2	5	①	★★	問18	24	②	★★
問2	6	④	★★	問19	25	③	★★
問2	7	④	★★	問20	26	②	★
問2	8	①	★★	問21	27	②	★★
問3	9	②	★★	問22	28	③	★★
問4	10	①	★★	問23	29	③	★★
問5	11	④	★	問24	30	④	★★
問6	12	③	★★	問25	31	③	★★★
問7	13	④	★★	問26	32	②	★★★
問8	14	③	★★	問27	33	④	★★
問9	15	④	★★	問28	34	②	★★
問10	16	④	★★★	問29	35	②	★
問11	17	②	★★	問30	36	③	★★
問12	18	②	★★	問31	37	④	★★
問13	19	①	★★	問32	38	①	★★★

第5回 解説

問1 (1) 1 正解 ④

難易度 ★★

キーワード フランス経済

ポイント フランスは機械類と自動車とともに航空機の輸出が特徴的である。

問1 (2) 2 正解 ③

難易度 ★★

キーワード 歴史上の平和条約

ポイント 三十年戦争 - ウェストファリア条約，第一次大戦後ドイツ - ベルサイユ条約，第二次大戦後日本 - 1951年サンフランシスコ平和条約，ベトナム戦争 - パリ和平協定。

問1 (3) 3 正解 ①

難易度 ★★★

キーワード カントの平和思想

ポイント 1795年にドイツの哲学者イマヌエル・カントが『永遠平和のために (Zum ewigen Frieden)』を発表した。国際連盟設立に影響を与えた。

問1 (4) 4 正解 ④

難易度 ★★

キーワード 地理的位置

ポイント ジュネーブはスイス南西部に位置する都市である。

問2 (1) 5 正解 ①

難易度 ★★

キーワード 各国の政治制度

ポイント イスラエルと同様の議院内閣制国家はドイツである。

問2 (2) 6 正解 ④

難易度 ★★

キーワード ユダヤ人移住

ポイント パレスチナへのユダヤ人移住が最も多かった時期は，ナチスの迫害による大量移住が起こった1933～1939年である。

問2 (3) 7 正解 ④

難易度 ★★

キーワード 19～20世紀アラブの歴史

ポイント ロシアの帝国主義政策は南下政策であり，オスマン帝国との一連の戦争を通じて主に黒海沿岸地域まで影響力を拡大した。

問2 (4) 8 正解 ①

難易度 ★★

キーワード 第二次中東戦争

ポイント ナセル大統領のスエズ運河国有化により第2次中東戦争が起こったが，英仏の軍事介入は米ソの圧力で失敗し，エジプトの運河主権が確立された。

問3 9 正解 ②

難易度 ★★

キーワード 外国為替取引計算

ポイント 200万円→2万ユーロ→金利5%で2.1万ユーロ→1ユーロ=90円で両替すると189万円

問4 10 正解 ①

難易度 ★★

キーワード 市場経済論

キーワード 新規企業の参入規制緩和により供給が増加し，供給曲線が右方向にシフトする → 均衡取引量の増加，価格の下落

問5 | 11 | 正解 ④

難易度 ★

キーワード 福祉国家論

ポイント 市場の不均衡解消と国民の最低限の生活を保障するため政府が積極的役割を果たす国家形態は福祉国家である。

問6 | 12 | 正解 ③

難易度 ★★

キーワード 財政政策

ポイント 国債発行は景気抑制策ではなく景気刺激策の手段であるが，国家債務の増加，クラウディングアウト効果，インフレーションの懸念を伴う。

問7 | 13 | 正解 ④

難易度 ★★

キーワード 金融政策

ポイント 不景気の時，中央銀行は買いオペレーションで通貨量を増やす政策を実施する。

問8 | 14 | 正解 ③

難易度 ★★

キーワード 経済成長率計算

ポイント 今年の実質GDPは240兆円となり，前年(200兆円)との比較で成長率20%が算出される。

問9 | 15 | 正解 ④

難易度 ★★

キーワード 1980年代日本経済

ポイント 1980年代日本は中曽根政権下で新保守主義政策により国営企業（国鉄，電信電話公社，専売公社）民営化推進。

問10 | 16 | 正解 ④

難易度 ★★★

キーワード 国際収支の天井

ポイント 1950～60年代の日本では経済成長に伴う輸入増加が経常収支悪化を招き，外貨不足により金融引き締めを迫られ成長が抑制される現象が起きた。

問11 | 17 | 正解 ②

難易度 ★★

キーワード 株式会社制度

ポイント 株式会社で株主の責任は自分の出資額の範囲内にとどまる。有限責任という。

問12 | 18 | 正解 ②

難易度 ★★

キーワード 社会保険制度

ポイント 健康保険加入時，医療機関受診時に一部のみ自己負担し，残りは保険から支給される。

問13 | 19 | 正解 ①

難易度 ★★

キーワード 対蹠点計算

ポイント ロンドンの座標（西経0°，北緯51.5°）から対蹠点を算出すると東経180°，南緯51.5°となり，これはニュージーランド付近に該当する。

問14 | 20 | 正解 ③

難易度 ★★

キーワード 地中海性気候

ポイント 地中海性気候(Cs)であるが，7～8月（北半球の夏季）に気温が最低となっていることから，この地域は南半球に位置すると考えられる。

問15 21 正解 ③

難易度 ★★
キーワード フェーン現象
ポイント フェーン現象とは，アルプス山脈で見られる風の現象で，湿った空気が山脈を越える際に乾燥した暖かい風に変わることをいう。

問16 22 正解 ③

難易度 ★
キーワード アメリカ地理
ポイント アパラチア炭田はアメリカ東部アパラチア山脈一帯に位置。

問17 23 正解 ①

難易度 ★★★
キーワード 日本の農産物の自給率
ポイント 日本は小麦・トウモロコシの自給率が極めて低い一方，米の自給率は100％に近い。

問18 24 正解 ②

難易度 ★★
キーワード 産業構造比較，三角図表
ポイント ①はケニア ③は中国 ④は日本に該当する。

問19 25 正解 ③

難易度 ★★
キーワード 法の支配
ポイント 法の支配とは人権を保障する法の下で権力が行使されなければならないという原則。①と④は法治主義に関する内容である。

問20 26 正解 ②

難易度 ★
キーワード 官僚制とウェーバー
ポイント 官僚制に注目し合法的支配の典型とした学者はマックス・ウェーバー。

問21 27 正解 ②

難易度 ★★
キーワード 国会の権限
ポイント 日本国会は国政調査のため証人出頭や記録提出を要求できる。これは国政調査権の核心内容で憲法に規定されている。

問22 28 正解 ③

難易度 ★★
キーワード アメリカ独立宣言
ポイント バージニア権利章典（1776年）は世界で初めて自然権を成文化した文書であり，同年のアメリカ独立宣言の思想的基盤となった。

問23 29 正解 ③

難易度 ★★
キーワード 刑事手続上の人権
ポイント 被疑者・被告人は弁護人依頼権を有し，裁判所が不要と判断しても弁護人を拒否できない。

問24 30 正解 ④

難易度 ★★
キーワード 地方自治制度
ポイント 地方公共団体の長の権限は条例や予算案の議会提出権である。①監査請求権は住民の権利 ②条例制定権と決算審査権は議会の権限である。

問25 31 正解 ③

難易度 ★★★
キーワード 民族問題
ポイント ①ケベック州はカナダにある ④2017年に独立住民投票が実施されたのはカタルーニャである。

問26 [32] 正解 ②

難易度 ★★★

キーワード 核軍縮条約

ポイント ①アメリカ，ロシア，中国，イギリス，フランスの核兵器保有は認められている。④CTBTは1996年に採択されたが発効していない

問27 [33] 正解 ④

難易度 ★★

キーワード 中南米独立

ポイント 中南米独立運動の中心は植民地生まれの白人であるクリオーリョである。

問28 [34] 正解 ②

難易度 ★★

キーワード 第一次大戦後の日本

ポイント 第一次大戦後，日本は連合国側戦勝国として国際的地位が向上した。国際連盟常任理事国となり，旧ドイツ領南洋群島を委任統治することとなった。

問29 [35] 正解 ②

難易度 ★

キーワード 民族自決

ポイント ウッドロー・ウィルソンが第一次世界大戦中「14カ条の平和原則」(1918年)で民族自決の原則を提示した。

問30 [36] 正解 ③

難易度 ★★

キーワード ソ連崩壊

ポイント ソ連崩壊過程でリトアニア・ラトビア・エストニアは連帯して「人間の鎖」を形成し独立を訴えた。

問31 [37] 正解 ④

難易度 ★★

キーワード オスマン・トルコ史

ポイント クリミア戦争勃発(1853)→青年トルコ革命(1908)→第一次世界大戦終結(1918)→トルコ共和国成立(1923)

問32 [38] 正解 ①

難易度 ★★★

キーワード 幕末開港

ポイント 1858年日米修好通商条約により神奈川・長崎・新潟・兵庫の開港が決定された。

第6回 正解

問	解答番号	正解	難易度	問	解答番号	正解	難易度
問1	1	①	★★	問14	20	②	★★
問1	2	④	★★	問15	21	②	★★★
問1	3	②	★★★	問16	22	④	★★
問1	4	①	★★	問17	23	①	★★
問2	5	①	★★★	問18	24	②	★★
問2	6	①	★★	問19	25	④	★★
問2	7	④	★★	問20	26	①	★★
問2	8	③	★★	問21	27	②	★★
問3	9	②	★★	問22	28	④	★★
問4	10	①	★★	問23	29	③	★★
問5	11	④	★★	問24	30	②	★★
問6	12	③	★★	問25	31	①	★★★
問7	13	③	★★	問26	32	③	★★
問8	14	②	★★	問27	33	④	★★
問9	15	③	★★	問28	34	③	★★
問10	16	④	★★	問29	35	③	★★
問11	17	②	★★	問30	36	④	★★★
問12	18	③	★★★	問31	37	③	★★
問13	19	③	★★	問32	38	③	★★

第6回 解説

問1 (1) 1 正解 ①

難易度 ★★
キーワード ヨーロッパ地理
ポイント アムステルダムはオランダ北西部の北海沿岸地域に位置する。

問1 (2) 2 正解 ④

難易度 ★★
キーワード フランス七月革命とベルギー独立運動
ポイント 1830年のベルギー独立運動は，同年のフランス七月革命の影響を強く受けた自由主義的な独立運動であった。

問1 (3) 3 正解 ②

難易度 ★★★
キーワード 東南アジアの植民地政策
ポイント オランダの強制栽培制度では，コーヒーが主要な換金作物として栽培を強要された。

問1 (4) 4 正解 ①

難易度 ★★
キーワード 第一次世界大戦の参戦国
ポイント 第一次世界大戦でスペインは中立政策を採用し，参戦しなかった。

問2 (1) 5 正解 ①

難易度 ★★★
キーワード 政治制度
ポイント メキシコは大統領を元首とする連邦共和制国家である。

問2 (2) 6 正解 ①

難易度 ★★
キーワード 南米の独立
ポイント アルゼンチンは1816年独立し，メキシコより早い時期の独立達成だった。

問2 (3) 7 正解 ④

難易度 ★★
キーワード アメリカ領土の拡大
ポイント 米墨戦争（1846-1848）でメキシコはカリフォルニアなど国土の約半分を失った。

問2 (4) 8 正解 ③

難易度 ★★
キーワード USMCA
ポイント USMCAは自由貿易協定であり，関税撤廃と非関税障壁の削減を主目的とする。

問3 9 正解 ②

難易度 ★★
キーワード 労働市場と需要供給曲線
ポイント 最低賃金引き上げにより労働コストが上昇し，企業の労働需要が減少して失業増加の可能性がある。

問4 10 正解 ①

難易度 ★★
キーワード 金融政策
ポイント 金融緩和政策の代表的手段は中央銀行が民間金融機関が保有する国債を買い入れることである。これにより市中通貨量を増加させる。

問5　11　正解 ④

難易度　★★
キーワード　アメリカの対外純資産
ポイント　アメリカは巨額の対外純負債を持つ世界最大の債務国である。

問6　12　正解 ③

難易度　★★
キーワード　寡占
ポイント　カルテルは協定により価格の設定や生産量制限を行い，市場価格を維持・上昇させる効果を持つ。

問7　13　正解 ③

難易度　★★
キーワード　日本の税制
ポイント　日本の国税収入で最大は消費税，次に所得税，法人税，相続税の順となっている。

問8　14　正解 ②

難易度　★★
キーワード　戦後日本経済
ポイント　戦後日本のインフレは政府債券の日銀引受により通貨供給量が急増したことが主因であった。

問9　15　正解 ③

難易度　★★
キーワード　政治思想
ポイント　ラッサールはドイツの社会主義者(1825-1864)であり，自由主義国家を「夜警国家」と呼んで批判した。

問10　16　正解 ④

難易度　★★
キーワード　国際貿易論
ポイント　比較優位論では，イギリスはラシャに特化することで国際分業の利益を得られる。

問11　17　正解 ②

難易度　★★
キーワード　日本経済史
ポイント　プラザ合意により円高が進行（240円→120円），輸入品安価・輸出品高価となった。

問12　18　正解 ③

難易度　★★★
キーワード　プライマリーバランス
ポイント　プライマリーバランスは公債費を除いた歳出と公債金収入を除いた歳入の収支指標。

問13　19　正解 ③

難易度　★★
キーワード　プロテスタント信者分布
ポイント　フィンランドはルター派プロテスタントが多数で，カトリック信者は極めて少ない。

問14　20　正解 ②

難易度　★★
キーワード　主な都道府県の位置
ポイント　鹿児島県は九州南部に位置している。

問15　21　正解 ②

難易度　★★★
キーワード　日本の工業地帯の特徴
ポイント　中京は最も高いAで，京浜工業地帯は減少したCなので阪神はBである。

問16　22　正解 ④

難易度　★★
キーワード　ハイサーグラフ
ポイント　ハイサーグラフの特徴から，西岸海洋性気候である。

問17　23　正解 ①

難易度　★★
キーワード　なつめやしの生産国
ポイント　中東・北アフリカ諸国が上位を占める作物はなつめやしで，乾燥地域の特産品。

問18　24　正解 ②

難易度　★★
キーワード　政府開発援助
ポイント　ODA実績では金額順にアメリカ，日本，イギリス，スウェーデンとなる。

問19　25　正解 ④

難易度　★★
キーワード　人身の自由
ポイント　無罪推定原則により検察側に立証責任があり，合理的疑いを超える証明が必要である。

問20　26　正解 ①

難易度　★★
キーワード　国際人権法と日本
ポイント　世界人権宣言は法的拘束力なし，国際人権規約は法的拘束力のある条約として成立。

問21　27　正解 ②

難易度　★★
キーワード　労働基準法
ポイント　労働基準法第1条は労働者が「人たるに値する生活」を営むための条件を定める。

問22　28　正解 ④

難易度　★★
キーワード　裁判員制度
ポイント　裁判員は有罪・無罪の判断と量刑の両方について職業裁判官と共に決定する。

問23　29　正解 ③

難易度　★★
キーワード　国政調査権
ポイント　国政調査権により国会は証人喚問や記録提出を求めることができる。

問24　30　正解 ②

難易度　★★
キーワード　世界の政治制度
ポイント　ドイツは連邦制・議院内閣制で，連邦首相が実権を握り大統領は儀礼的役割をする。

問25　31　正解 ①

難易度　★★★
キーワード　日本の環境政策
ポイント　1970年代に公害問題への対処として環境庁が設置され，環境行政の体制が整備された。

問26　32　正解 ③

難易度　★★
キーワード　国際紛争
ポイント　イスラエル・パレスチナ紛争の主要因はユダヤ教とイスラム教の対立であり，キリスト教ではない。

問27　33　正解 ④

難易度　★★
キーワード　日米和親条約と開港
ポイント　ペリー率いるアメリカ軍艦隊（黒船）が来航し，幕府に日米和親条約締結を強要。

問28 34 正解 ③

難易度 ★★
キーワード 帝国主義時代
ポイント タイは帝国主義時代にイギリスとフランスの緩衝地域として独立を維持した。

問29 35 正解 ③

難易度 ★★
キーワード 世界恐慌
ポイント 1930年代世界恐慌期，イギリスはオタワ会議を契機に関税特恵制度を導入して植民地との経済的結束を強化した。

問30 36 正解 ④

難易度 ★★★
キーワード ロシア革命
ポイント レーニン率いるボリシェヴィキが1917年10月にペトログラードで臨時政府を打倒した。

問31 37 正解 ③

難易度 ★★
キーワード セオドア・ルーズベルト
ポイント セオドア・ルーズベルトは反トラスト政策でシャーマン法を積極活用し企業分割を実施した。

問32 38 正解 ③

難易度 ★★
キーワード 第二次世界大戦・戦後史
ポイント 大西洋憲章（1941年）→広島原爆（1945年8月）→国連設立（1945年10月）→サンフランシスコ講和会議（1951年）

第7回　正解

問	解答番号	正解	難易度
問1	1	④	★★
	2	①	★★★
	3	③	★★
	4	②	★
問2	5	③	★★
	6	③	★★
	7	①	★★
	8	④	★
問3	9	①	★★
問4	10	④	★★★
問5	11	①	★★
問6	12	③	★★★
問7	13	③	★★
問8	14	③	★★
問9	15	④	★★
問10	16	③	★★
問11	17	②	★★
問12	18	③	★★★
問13	19	②	★★

問	解答番号	正解	難易度
問14	20	③	★★
問15	21	④	★★
問16	22	②	★★
問17	23	②	★★★
問18	24	③	★★
問19	25	③	★★
問20	26	③	★★
問21	27	①	★★
問22	28	②	★★
問23	29	③	★★
問24	30	④	★★
問25	31	④	★★
問26	32	②	★★
問27	33	④	★★★
問28	34	①	★★
問29	35	③	★★★
問30	36	②	★★
問31	37	④	★★
問32	38	①	★★★

第7回　解説

問1 (1) 1　正解 ④
難易度　★★
キーワード　オスマン帝国史
ポイント　ギリシアは1821年独立戦争を通じてオスマン帝国から独立した。

問1 (2) 2　正解 ①
難易度　★★★
キーワード　イスタンブールの気候
ポイント　イスタンブールは地中海性気候である。

問1 (3) 3　正解 ③
難易度　★★
キーワード　アンカラの位置
ポイント　アンカラはトルコの首都でアナトリア半島中央部に位置する。

問1 (4) 4　正解 ②
難易度　★
キーワード　NATOとEU
ポイント　トルコはNATOには加盟しているが、EUには加盟していない。

問2 (1) 5　正解 ③
難易度　★★
キーワード　ドイツの輸出品
ポイント　ドイツの主要輸出品は自動車・機械・医薬品である。

問2 (2) 6　正解 ③
難易度　★★
キーワード　主な国の貿易依存度
ポイント　Aはサウジアラビア、Bはアメリカ、Dはフィンランドである。

問2 (3) 7　正解 ①
難易度　★★
キーワード　カナダの政治制度
ポイント　カナダは立憲君主制であり、イギリス国王が国家元首である。

問2 (4) 8　正解 ④
難易度　★
キーワード　イギリスの選挙制度
ポイント　イギリス下院は小選挙区制を採用しており、比例代表制とは並立していない。

問3 9　正解 ①
難易度　★★
キーワード　通貨政策と供給曲線
ポイント　中央銀行の買いオペレーションは通貨量を増加させ、資金供給曲線を右方移動させる。

問4 10　正解 ④
難易度　★★★
キーワード　市場の失敗の事例
ポイント　A（外部効果）、B（共有地の悲劇）、C（逆選択）、D（独占）全て市場の失敗事例である。

問5 11　正解 ①
難易度　★★
キーワード　所有と経営の分離
ポイント　現代では所有と経営が分離する傾向がある。

問6 12 正解 ③

難易度 ★★★
キーワード 経済成長率の計算
ポイント 実質GDP = 108÷1.2 = 90億ドル。実質経済成長率 = (90-100)÷100×100 = -10％。名目成長率は8％だが物価上昇を除くと実質的には10％減少した。

問7 13 正解 ③

難易度 ★★
キーワード 国際収支
ポイント 外国債券の利子収入などは，第一次所得収支に含まれ，黒字の要因となる。

問8 14 正解 ③

難易度 ★★
キーワード 大恐慌と各国の工業生産推移
ポイント 1929年大恐慌以後の各国の工業生産推移を表している。

問9 15 正解 ④

難易度 ★★
キーワード 円安と輸入価格
ポイント 円安は化石燃料の輸入品価格を上昇させるため電気代は上がる傾向にある。

問10 16 正解 ③

難易度 ★★
キーワード 日本の医療保険，国民皆保険
ポイント 日本は国民皆保険制度で全ての国民が公的医療保険に加入する義務がある。

問11 17 正解 ②

難易度 ★★
キーワード 戦後の日本銀行
ポイント 日本銀行は物価上昇率目標達成のため国債を大量購入する金融緩和政策を実施する。

問12 18 正解 ③

難易度 ★★★
キーワード 労働基準法
ポイント 労働基準法では労働時間の上限と最低賃金の保障が規定されている。

問13 19 正解 ②

難易度 ★★
キーワード EU未加盟国
ポイント ノルウェーは1972年と1994年の2度の国民投票でEU加盟を拒否した。

問14 20 正解 ③

難易度 ★★
キーワード 鉄鉱石と石炭の輸出
ポイント a：オーストラリア（鉄鉱石1位，石炭2位），b：ブラジル（鉄鉱石2位）

問15 21 正解 ④

難易度 ★★
キーワード 地形図と等高線
ポイント 地形図でA点とB点，C点とD点の間は同じ高度差を持つ。等高線間隔と個数を見ると両区間とも300m差を示している。

問16 22 正解 ②

難易度 ★★
キーワード 地中海性気候
ポイント 夏季高温乾燥，冬季温暖湿潤の地中海性気候の特徴を示している。

問17 23 正解 ②

難易度 ★★★
キーワード フェーン現象と局地風
ポイント フェーン現象はアルプス山脈で観察される。

問18 24 正解 ③

難易度 ★★
キーワード 対蹠点と距離計算
ポイント 対蹠点関係のため地球半周の約20,000km。

問19 25 正解 ③

難易度 ★★
キーワード 日本の貿易
ポイント A：アジア(59.7%)，B：北アメリカ(18.6%)，C：ヨーロッパ(12.6%)，D：オセアニア(2.9%)

問20 26 正解 ③

難易度 ★★
キーワード 三権分立の抑制と均衡
ポイント 国政調査権は国会の権限であり内閣の権限ではない。

問21 27 正解 ①

難易度 ★★
キーワード 生存権
ポイント 生存権を具体化した法律は1950年制定の生活保護法である。

問22 28 正解 ②

難易度 ★★
キーワード アメリカ大統領
ポイント 大統領は議会に対して教書送付権を有している。

問23 29 正解 ③

難易度 ★★
キーワード 一票の格差
ポイント A選挙区：60万人÷5人=12万人/1人。①15万人/1人，②19万人/1人，③28万人/1人，④22万人/1人。格差が最も大きいのは③

問24 30 正解 ④

難易度 ★★
キーワード 55年体制
ポイント 自由党と民主党合同で自民党結成，左右統一社会党との保革対立構造を形成した。

問25 31 正解 ④

難易度 ★★
キーワード アフリカ分割とベルリン会議
ポイント ベルリン会議(1884-85)でアフリカ分割原則が決定された。

問26 32 正解 ②

難易度 ★★
キーワード フランス革命の背景
ポイント アメリカ独立戦争への軍事介入により財政状況が悪化した。

問27 33 正解 ④

難易度 ★★★
キーワード ウィーン会議
ポイント ロシアはフィンランドを獲得した。

問28 34 正解 ①

難易度 ★★
キーワード アメリカ独立戦争
ポイント ボストン茶会事件(1773)→レキシントンの戦い(1775)→ヨークタウンの戦い(1781)→パリ条約(1783)

問29 35 正解 ③

難易度 ★★★
キーワード イタリア統一
ポイント フランスとの協調を通じてオーストリアに対抗した。

問30 36 正解 ②

難易度 ★★

キーワード 石油危機とイラン革命

ポイント 第二次石油危機ではイラン革命など中東情勢の混乱を背景に原油価格が高騰した。

問31 37 正解 ④

難易度 ★★

キーワード 日本外交の基本方針

ポイント 非核三原則は佐藤栄作首相が表明した方針である。

問32 38 正解 ①

難易度 ★★★

キーワード 東欧革命

ポイント ポーランドで労働組合「連帯」の指導者ワレサが自由選挙で勝利し，非共産党政権が誕生した。

第8回　正解

問	解答番号	正解	難易度
問1	1	②	★★
	2	③	★★
	3	③	★★
	4	②	★
問2	5	②	★★
	6	④	★★
	7	①	★★
	8	②	★★
問3	9	④	★★
問4	10	②	★★★
問5	11	③	★★★
問6	12	④	★★
問7	13	③	★★★
問8	14	③	★★
問9	15	②	★★
問10	16	②	★
問11	17	③	★★
問12	18	②	★★
問13	19	③	★★

問	解答番号	正解	難易度
問14	20	③	★★
問15	21	④	★★
問16	22	②	★★
問17	23	④	★★★
問18	24	③	★★
問19	25	④	★★★
問20	26	③	★★
問21	27	④	★★
問22	28	①	★★
問23	29	④	★
問24	30	④	★★
問25	31	③	★
問26	32	②	★★★
問27	33	①	★★
問28	34	①	★★
問29	35	②	★
問30	36	④	★★
問31	37	③	★★
問32	38	①	★★

第8回　解説

問1 (1)　1　正解 ②
難易度　★★
キーワード　京都議定書
ポイント　京都議定書では温室効果ガス削減目標達成のための柔軟性措置として排出権取引制度導入を定めた。

問1 (2)　2　正解 ③
難易度　★★
キーワード　コペンハーゲン気候
ポイント　コペンハーゲンは西岸海洋性気候で冬季も比較的温暖，年間降水量均等分布。

問1 (3)　3　正解 ③
難易度　★★
キーワード　オランダの産業
ポイント　機械類，半導体等製造装置，医薬品を輸入している。

問1 (4)　4　正解 ②
難易度　★
キーワード　温室効果ガス
ポイント　大気中濃度が最も高く地球温暖化に最も影響を与える温室効果ガスは二酸化炭素（CO_2）である。

問2 (1)　5　正解 ②
難易度　★★
キーワード　イギリス地理
ポイント　リヴァプールはイングランド北西部の港湾都市。

問2 (2)　6　正解 ④
難易度　★★
キーワード　TPP11
ポイント　TPP11加盟国にアメリカは含まれない。

問2 (3)　7　正解 ①
難易度　★★
キーワード　EU拡大
ポイント　2004年EU拡大では東欧諸国が加盟した。

問2 (4)　8　正解 ②
難易度　★★
キーワード　幼稚産業保護論
ポイント　幼稚産業保護論を提唱した経済学者はフリードリヒ・リストである。

問3　9　正解 ④
難易度　★★
キーワード　財政政策
ポイント　国債発行増加は財政赤字拡大と公的債務残高増加につながる。

問4　10　正解 ②
難易度　★★★
キーワード　経営者革命論
ポイント　ジェームズ・バーナムの「経営者革命」は企業組織の巨大化と技術の高度化により経営の専門化が進むためと説明した。

問5　11　正解 ③
難易度　★★★
キーワード　バーゼル合意
ポイント　バーゼル合意の自己資本比率基準8%以上：A銀行9%，C銀行9%，D銀行9% が該当。

問6 12 正解 ④

難易度 ★★
キーワード 日本の二重構造
ポイント 中小企業は下請企業が多く存在し，これが独立性を低下させる要因となっている。

問7 13 正解 ③

難易度 ★★★
キーワード GDP計算
ポイント 付加価値＝売上高－中間投入（原材料・包装材料）＝1800－（500＋100）＝1200万円

問8 14 正解 ③

難易度 ★★
キーワード 社会保障制度
ポイント 年金制度の持続可能性を高めるため政府は年金支給開始年齢を段階的に引き上げている。

問9 15 正解 ②

難易度 ★★
キーワード 日本の経済成長率
ポイント A：アメリカ，C：インド，D：中国

問10 16 正解 ②

難易度 ★
キーワード 景気循環論
ポイント コンドラチェフ波（50～60年）は技術革新による産業構造変化，ジュグラー波（7～11年）は設備投資の増減である。

問11 17 正解 ③

難易度 ★★
キーワード 地球サミット
ポイント 「人間環境宣言」は1972年ストックホルム人間環境会議で採択された。

問12 18 正解 ②

難易度 ★★
キーワード 男女雇用機会均等法
ポイント 男女雇用機会均等法は女性差別撤廃条約採択など国際的な男女平等の潮流を受けて制定された。

問13 19 正解 ③

難易度 ★★
キーワード 世界地理座標
ポイント C（南米）のウルグアイの位置が正しい。

問14 20 正解 ③

難易度 ★★
キーワード 各国産業構造
ポイント A：インド，B：マレーシア，C：フランス，D：スイス

問15 21 正解 ④

難易度 ★★
キーワード 地球の営力
ポイント 火山活動は内的営力による地形形成の一例である。

問16 22 正解 ②

難易度 ★★
キーワード 日本の気候
ポイント ハイサーグラフから読み取れる日本海側気候の都市は②新潟。

問17 23 正解 ④

難易度 ★★★
キーワード 在留外国人統計
ポイント Aベトナム，Bネパール，Cブラジル，D韓国

問18 24 正解 ③

難易度 ★★
キーワード 食料需給
ポイント 米は国内生産量が高く，輸入依存度が低い，小麦と大豆は輸入依存度が高い

問19 25 正解 ④

難易度 ★★★
キーワード コモン・ロー
ポイント イギリス裁判所の判例・法的解釈が新法律の理解・運用の基礎となる

問20 26 正解 ③

難易度 ★★
キーワード 行政委員会
ポイント 行政委員会は行政権の一部を担う独立機関として設置され，専門性と政治的中立性を要求される。

問21 27 正解 ④

難易度 ★★
キーワード 大日本帝国憲法
ポイント 大日本帝国憲法では臣民の権利・自由は法律の範囲内でのみ保障され，法律による制限が可能である。

問22 28 正解 ①

難易度 ★★
キーワード 日本選挙制度
ポイント 日本の国政選挙では並立制が衆参両院で採用されている。選挙権18歳，被選挙権は衆議院25歳，参議院30歳である。

問23 29 正解 ④

難易度 ★
キーワード 被告人の権利
ポイント 日本国憲法で陪審員による裁判を受ける権利は保障されていない。

問24 30 正解 ④

難易度 ★★
キーワード 内閣総理大臣権限
ポイント 内閣総理大臣は閣僚を国会の承認なしに任命できる。

問25 31 正解 ③

難易度 ★
キーワード 国連安保理
ポイント 安全保障理事会は平和に対する脅威や侵略行為に対して軍事的強制措置を決定できる。

問26 32 正解 ②

難易度 ★★★
キーワード ILO設立
ポイント 国際労働機関(ILO)憲章はベルサイユ条約に含まれている。労働条件改善を目的として設立された。

問27 33 正解 ①

難易度 ★★
キーワード 集団的自衛権
ポイント 2014年の日本政府の閣議決定は，それまで憲法9条により禁止されていた集団的自衛権の行使を限定的に容認した。

問28 34 正解 ①

難易度 ★★
キーワード 日清戦争後処理
ポイント 日清戦争後，日本は三国干渉を受け入れ遼東半島を清国に返還したが，台湾は日本に割譲された。

問29 35 正解 ②

難易度 ★
キーワード 民族自決原則
ポイント 民族自決原則が初めて明確に提唱されたのはウィルソンの14カ条。

問30 36 正解 ④

難易度 ★★
キーワード アジアと帝国主義時代
ポイント マニラは近世以降スペイン支配下でガレオン貿易の拠点となり，1898年米西戦争後パリ条約でフィリピンがアメリカに割譲された。

問31 37 正解 ③

難易度 ★★
キーワード 南北戦争背景
ポイント 南部は州権を重視する州権派の立場を取ったのであり，連邦政府権限拡大を主張したのではない。

問32 38 正解 ①

難易度 ★★
キーワード 冷戦史年代順
ポイント トルーマン・ドクトリン(1947)→ベルリンの壁(1961)→キューバ危機(1962)→ソ連アフガン侵攻(1979)

第9回　正解

問	解答番号	正解	難易度	問	解答番号	正解	難易度
問1	1	③	★★	問14	20	③	★★
問1	2	③	★★	問15	21	①	★★
問1	3	②	★★	問16	22	②	★
問1	4	④	★★★	問17	23	②	★★
問2	5	②	★★	問18	24	②	★★
問2	6	①	★★	問19	25	④	★★
問2	7	①	★★	問20	26	④	★★
問2	8	②	★★	問21	27	①	★★
問3	9	①	★★★	問22	28	③	★★
問4	10	④	★★	問23	29	④	★★
問5	11	①	★★★	問24	30	③	★★
問6	12	④	★★	問25	31	②	★
問7	13	④	★★★	問26	32	①	★
問8	14	④	★★	問27	33	④	★★
問9	15	②	★★	問28	34	③	★★
問10	16	④	★★	問29	35	③	★★
問11	17	①	★★★	問30	36	①	★★
問12	18	①	★★★	問31	37	②	★
問13	19	①	★★★	問32	38	③	★★

第9回　解説

問1 (1) 1　正解 ③
難易度 ★★
キーワード　アメリカの地理
ポイント　ボストンはマサチューセッツ州の州都で，アメリカ東北部に位置する。

問1 (2) 2　正解 ③
難易度 ★★
キーワード　アメリカ独立戦争
ポイント　アメリカ独立戦争では，フランスとスペイン，オランダがアメリカ側を支援した。

問1 (3) 3　正解 ②
難易度 ★★
キーワード　アメリカ独立宣言
ポイント　アメリカ独立宣言には人民の自然権と政府正当性の根拠が述べられている。ロックの自然権思想の影響を受けて生命権，自由権，幸福追求権を明記した。

問1 (4) 4　正解 ④
難易度 ★★★
キーワード　オーストラリアの移民状況
ポイント　オーストラリアはインド，中国，ネパール，フィリピンの順で外国人が流入している。

問2 (1) 5　正解 ②
難易度 ★★
キーワード　日本の地形・海岸
ポイント　長崎のようなリアス式海岸の特徴を持つ地形は②三陸海岸である。

問2 (2) 6　正解 ①
難易度 ★★
キーワード　宗教と政治
ポイント　宗教的寛容度が最も低い国として，他宗教の公的活動を禁止する国を選ぶ。

問2 (3) 7　正解 ①
難易度 ★★
キーワード　日本の重工業発展
ポイント　明治政府の官営八幡製鉄所設立（1901年）が日本重工業発展の出発点である。富国強兵と殖産興業政策の一環として推進された。

問2 (4) 8　正解 ②
難易度 ★★
キーワード　核兵器禁止条約
ポイント　核兵器禁止条約（TPNW）は核兵器の使用だけでなく開発・保有・配備まで全面的に禁止する包括的条約である。2017年採択，2021年発効した。

問3 9　正解 ①
難易度 ★★★
キーワード　農産物の需要供給
ポイント　生鮮野菜は価格弾力性が低く供給が非弾力的である。価格が下落しても大量購入動機が少なく，鮮度のため保存が困難で供給曲線が垂直に近い。

問4 10　正解 ④
難易度 ★★
キーワード　経済思想史
ポイント　ケネー（重農主義者）は土地こそが唯一の生産的な富の源であると主張した。

問5 | 11 | 正解 ①

難易度 ★★★
キーワード 比較優位と貿易
ポイント 機会費用の計算：a国コンピュータ1単位＝自動車2単位（200/100），b国コンピュータ1単位＝自動車3単位（150/50）。a国がコンピュータに，b国が自動車に比較優位を持つ。

問6 | 12 | 正解 ④

難易度 ★★
キーワード デフレーション
ポイント デフレーションが進行すると企業収益性が悪化し，これは賃金削減と雇用減少につながる。

問7 | 13 | 正解 ④

難易度 ★★★
キーワード 国民経済計算
ポイント GNPはGDPに海外からの純所得受取を加えて算出する。GNP＝GDP＋海外からの純所得受取。

問8 | 14 | 正解 ④

難易度 ★★
キーワード 為替相場と企業業績
キーワード 1ユーロ130円→110円で2億ユーロの売上：260億円→220億円で40億円減少

問9 | 15 | 正解 ②

難易度 ★★
キーワード 日本の国際経済枠組み
ポイント 日本は中国や韓国と共にRCEP（地域的な包括的経済連携）に加盟している。

問10 | 16 | 正解 ④

難易度 ★★
キーワード ジニ係数と不平等
ポイント ジニ係数グラフでA（最も高い）はメキシコ，B（中間）はイタリア，C（最も低い）はノルウェーに該当する。

問11 | 17 | 正解 ①

難易度 ★★★
キーワード 金本位制
ポイント 古典的金本位制では「金の自動調整メカニズム」が作動した。国際収支赤字時に金が流出して通貨量が減少し，物価下落を通じて輸出競争力が回復した。

問12 | 18 | 正解 ①

難易度 ★★★
キーワード 1980年代アメリカ経済
ポイント レーガン政権下でボルカー議長が高金利政策を実施した。それでドル高進行でアメリカの貿易赤字拡大が大きくなる一方，中南米のブラジルで債務危機が発生した。

問13 | 19 | 正解 ①

難易度 ★★★
キーワード 気候帯と土壌
ポイント 熱帯雨林→ラトソル，ステップ→チェルノーゼム，冷帯→ポドゾル，温帯→褐色森林土

問14 | 20 | 正解 ③

難易度 ★★
キーワード とうもろこし
ポイント 輸出3位はアルゼンチン，輸入3位は日本である。アルゼンチンはパンパス地域の大規模農業でトウモロコシを大量生産する。

問15　21　正解 ①

難易度　★★
キーワード　時差計算
ポイント　日本14時出発 + 10時間30分 = 24時30分（翌日0時30分）。ロサンゼルスは -17時間差なので0時30分 - 17時間 = 前日7時30分。サマータイムで +1時間 = 8時30分

問16　22　正解 ②

難易度　★
キーワード　地形図の読み取り
ポイント　等高線図から地形断面図を読み取る。等高線図で A-B区間を見ると一つの峠が現れる。

問17　23　正解 ②

難易度　★★
キーワード　緯度経度
ポイント　A地点は東経150度，南緯23度に位置する。南回帰線から緯度を推測する。

問18　24　正解 ②

難易度　★★
キーワード　地球上の距離計算
ポイント　90°-1°=89°，地球円周×89°/360°≒約9,800km

問19　25　正解 ④

難易度　★★
キーワード　政治思想史
ポイント　カントは『永遠平和のために』で共和国による国家連合を基礎とした国際平和秩序を提唱した。

問20　26　正解 ④

難易度　★★
キーワード　日本の政治制度
ポイント　日本は間接民主制を基本とするが，憲法改正のための国民投票は直接民主制の要素が取り入れられている。

問21　27　正解 ①

難易度　★★
キーワード　日本の司法制度
ポイント　民事裁判は当事者主義原則により原告と被告が対等な立場で紛争を解決する。

問22　28　正解 ③

難易度　★★
キーワード　近代立憲主義
ポイント　国家権力の行使が法に基づいて行われなければならないという原理は法治主義。

問23　29　正解 ④

難易度　★★
キーワード　内閣総理大臣の権限
ポイント　内閣総理大臣は最高裁長官の指名権と最高裁裁判官の任命権は持つが，地方裁判官の指名権は持たない。

問24　30　正解 ③

難易度　★★
キーワード　自衛隊の法的地位
ポイント　自衛隊は自衛隊法に基づいて活動し，国防だけでなく災害派遣，国際平和協力活動など多様な任務を遂行する。

問25 31 正解 ②

難易度 ★
キーワード 日本の環境政策史
ポイント 水俣病確認(1956)→公害対策基本法(1967)→環境基本法(1993)→京都議定書批准(1997)

問26 32 正解 ①

難易度 ★
キーワード 国際連合の成立
ポイント 1945年，サンフランシスコで国際連合憲章が採択され，国際連合が発足した。

問27 33 正解 ④

難易度 ★★
キーワード 国際連盟の構造
ポイント 国際連盟は総会と理事会の意思決定が全会一致制で，事務局には独立した執行権限がなかった。これは国際連盟の限界であった。

問28 34 正解 ③

難易度 ★★
キーワード ドイツ連邦の統一
ポイント フランクフルト国民議会(1848)→ビスマルク就任(1862)→普墺戦争(1866)→普仏戦争(1870)

問29 35 正解 ③

難易度 ★★
キーワード 戦後日本の法制度
ポイント GHQ占領下で制定された法律は労働基準法(1947年)である。

問30 36 正解 ①

難易度 ★★
キーワード 冷戦時代のソ連
ポイント ソ連はチェコスロヴァキアへ侵攻し，「プラハの春」を鎮圧した。

問31 37 正解 ②

難易度 ★
キーワード 第三世界・非同盟
ポイント 第三世界は1950年代半ばからアジア・アフリカ新興独立国が東西両陣営に属さず独自に形成した勢力を指す。

問32 38 正解 ③

難易度 ★★
キーワード 第一次大戦後処理
ポイント パリ講和会議（1919年）でドイツはすべての海外植民地を失った。アフリカと太平洋地域のドイツ植民地が国際連盟委任統治領となった。

第10回 正解

問	解答番号	正解	難易度
問1	1	④	★★
	2	②	★★
	3	②	★★
	4	①	★★★
問2	5	④	★★
	6	③	★★
	7	①	★★★
	8	②	★★
問3	9	④	★★
問4	10	②	★★
問5	11	②	★★★
問6	12	④	★★★
問7	13	③	★
問8	14	③	★★
問9	15	①	★★
問10	16	③	★
問11	17	②	★★
問12	18	④	★★
問13	19	①	★★

問	解答番号	正解	難易度
問14	20	②	★★
問15	21	①	★★★
問16	22	②	★★★
問17	23	①	★★
問18	24	④	★★★
問19	25	③	★★
問20	26	③	★★
問21	27	④	★★
問22	28	②	★★
問23	29	②	★
問24	30	④	★★
問25	31	②	★★
問26	32	③	★★
問27	33	②	★★
問28	34	③	★★
問29	35	④	★★★
問30	36	②	★★
問31	37	④	★★
問32	38	②	★★

第10回　解説

問1 (1) ⟨1⟩ 正解 ④

難易度 ★★
キーワード　1994年政治改革
ポイント　1994年政治改革で国が政党に対して公的資金(政党交付金)を交付することとなった。

問1 (2) ⟨2⟩ 正解 ②

難易度 ★★
キーワード　国民主権の発達
ポイント　自由民権運動(1870年代)→普通選挙法(1925年)→日本国憲法(1946年)

問1 (3) ⟨3⟩ 正解 ②

難易度 ★★
キーワード　衆議院議席配分
ポイント　東京30→神奈川20→大阪19→愛知16→新潟5

問1 (4) ⟨4⟩ 正解 ①

難易度 ★★★
キーワード　日本地理
ポイント　鳥取県は本州西部中国地方北側に位置する。

問2 (1) ⟨5⟩ 正解 ④

難易度 ★★
キーワード　TPP経済効果
ポイント　TPP参加により関税撤廃で電気機器などの輸出競争力が高まる。

問2 (2) ⟨6⟩ 正解 ③

難易度 ★★
キーワード　一人当たりGDP
ポイント　一人当たりGDP順：ルクセンブルク→カナダ→日本→インド

問2 (3) ⟨7⟩ 正解 ①

難易度 ★★★
キーワード　中国国際収支
ポイント　中国の国際収支はAである。経常収支2530億ドル黒字，貿易・サービス収支が黒字3861億ドルである。

問2 (4) ⟨8⟩ 正解 ②

難易度 ★★
キーワード　WTO機能
ポイント　WTOは貿易紛争や摩擦の解決を図る紛争処理機能を持つ国際機関である。

問3 ⟨9⟩ 正解 ④

難易度 ★★
キーワード　需要供給分析
ポイント　需要増加により需要曲線が右シフト→新均衡価格は50，新均衡数量は100より多くなる。

問4 ⟨10⟩ 正解 ②

難易度 ★★
キーワード　為替計算
ポイント　1ドル=110円から105円に変化すると円高なので輸入代金が減少する。1万ドル×5円=5万円節約される。

問5 11 正解 ②

難易度 ★★★
キーワード 可処分所得
ポイント 可処分所得は税引き後の実際に使える所得なので個人の購買力を把握できる。

問6 12 正解 ④

難易度 ★★★
キーワード 外部不経済
ポイント 外部不経済の事例は c(オーバーツーリズム)，e(交通渋滞)だけである。

問7 13 正解 ③

難易度 ★
キーワード 日本銀行の機能
ポイント 日本銀行は市中銀行を通じた公開市場操作や政策金利調整により金融政策を実施する。

問8 14 正解 ③

難易度 ★★
キーワード 株式保有構造
ポイント 外国法人等の株式保有比率は1980年代から持続的に上昇してきた。

問9 15 正解 ①

難易度 ★★
キーワード 日本エネルギー構成
ポイント 日本エネルギー構成：A石炭，B石油，C天然ガス，D原子力。

問10 16 正解 ③

難易度 ★
キーワード 四大公害病
ポイント 水俣病はメチル水銀による中毒で中枢神経系が損傷し，様々な症状を引き起こす。

問11 17 正解 ②

難易度 ★★
キーワード 国富概念
ポイント 国富には国内金融資産は含まれない。国富は実物資産と海外純資産の合計で計算される。

問12 18 正解 ④

難易度 ★★
キーワード GDP算入基準
ポイント 農家の自家消費も GDP に算入される。

問13 19 正解 ①

難易度 ★★
キーワード EU拡大
ポイント B(1973年英・デンマーク・アイルランド)→C(1995年スウェーデン・フィンランド・オーストリア)→A(2004年東欧ほか10か国)

問14 20 正解 ②

難易度 ★★
キーワード 海岸の小地形
ポイント 函館の陸繋島地形で波の屈折・回折作用により運ばれた砂が湾口に堆積して形成された。

問15 21 正解 ①

難易度 ★★★
キーワード 産業構造地域差
ポイント 東京は第3次産業の割合が最も高く，愛知は工業地帯であるため，第2次産業が高い。

問16 22 正解 ②

難易度 ★★★
キーワード 地中海性気候
ポイント 地中海性気候(夏乾燥・冬温暖湿潤)の雨温図である。

問17 23 正解 ①

難易度 ★★
キーワード 欧州食料自給率
ポイント フランスは穀物の自給率が高く，スペインは果実類が高い。

問18 24 正解 ④

難易度 ★★★
キーワード 日本の火山地形
ポイント 阿蘇カルデラは火山活動で形成された大型カルデラ。

問19 25 正解 ③

難易度 ★★
キーワード カカオ豆貿易
ポイント カカオ豆：A コートジボワール，B オランダ

問20 26 正解 ③

難易度 ★★
キーワード ロックの政治思想
ポイント ロックは人々が生命・自由・財産などの自然権を保護するため相互同意の上で政府を設立するとした。

問21 27 正解 ④

難易度 ★★
キーワード 内閣の権限
ポイント 日本の内閣の権限には条約承認は含まれない。条約承認は国会の権限であり，内閣は条約締結権のみを持つ。

問22 28 正解 ②

難易度 ★★
キーワード アメリカ上院権限
ポイント アメリカ上院は連邦最高裁判事の承認権限を持つ。

問23 29 正解 ②

難易度 ★
キーワード ウェストファリア条約
ポイント ウェストファリア条約で神聖ローマ帝国内領邦が主権を獲得することとなった。

問24 30 正解 ④

難易度 ★★
キーワード 核の傘
ポイント 核の傘とは核保有国が同盟国に核抑止力を提供し安全を保障する概念である。

問25 31 正解 ②

難易度 ★★
キーワード 南北戦争背景
ポイント 南北戦争の背景は南部労働集約的プランテーション経済と北部資本集約的工業経済の対立であった。

問26 32 正解 ③

難易度 ★★
キーワード OAU加盟国
ポイント 南アフリカはアパルトヘイト政策でOAU設立時に加盟を拒否され，1994年民主化後加盟した。

問27 33 正解 ②

難易度 ★★
キーワード 日本の産業革命
ポイント 日本の産業革命では富岡製糸場など官営模範工場が重要な役割を果たした。

問28 34 正解 ③

難易度 ★★

キーワード 第一次大戦中の協定

ポイント 第一次大戦中，イギリスがトルコにオスマン帝国からの独立を約束したのは適切でない。オスマン帝国はトルコ革命により，共和国として登場した。

問29 35 正解 ④

難易度 ★★★

キーワード アロー戦争結果

ポイント アロー戦争の結果，天津条約・北京条約でキリスト教布教の自由が認められた。

問30 36 正解 ②

難易度 ★★

キーワード ワシントン会議

ポイント ワシントン会議(1921-1922)で締結された海軍軍縮条約と九カ国条約により日本の勢力拡大が抑制された。

問31 37 正解 ④

難易度 ★★

キーワード ソ連大統領

ポイント ゴルバチョフはソ連唯一の大統領(1990-1991)であった。

問32 38 正解 ②

難易度 ★★

キーワード 第一次大戦史

ポイント サラエボ事件(1914)→タンネンベルクの戦い(1914)→ロシア革命(1917)→ブレスト・リトフスク条約(1918)

(memo)

付録

01	世界地図の活用法	318
02	日本地図の活用法	320
03	解答用紙	321

01 世界地図の活用法

02 日本地図の活用法

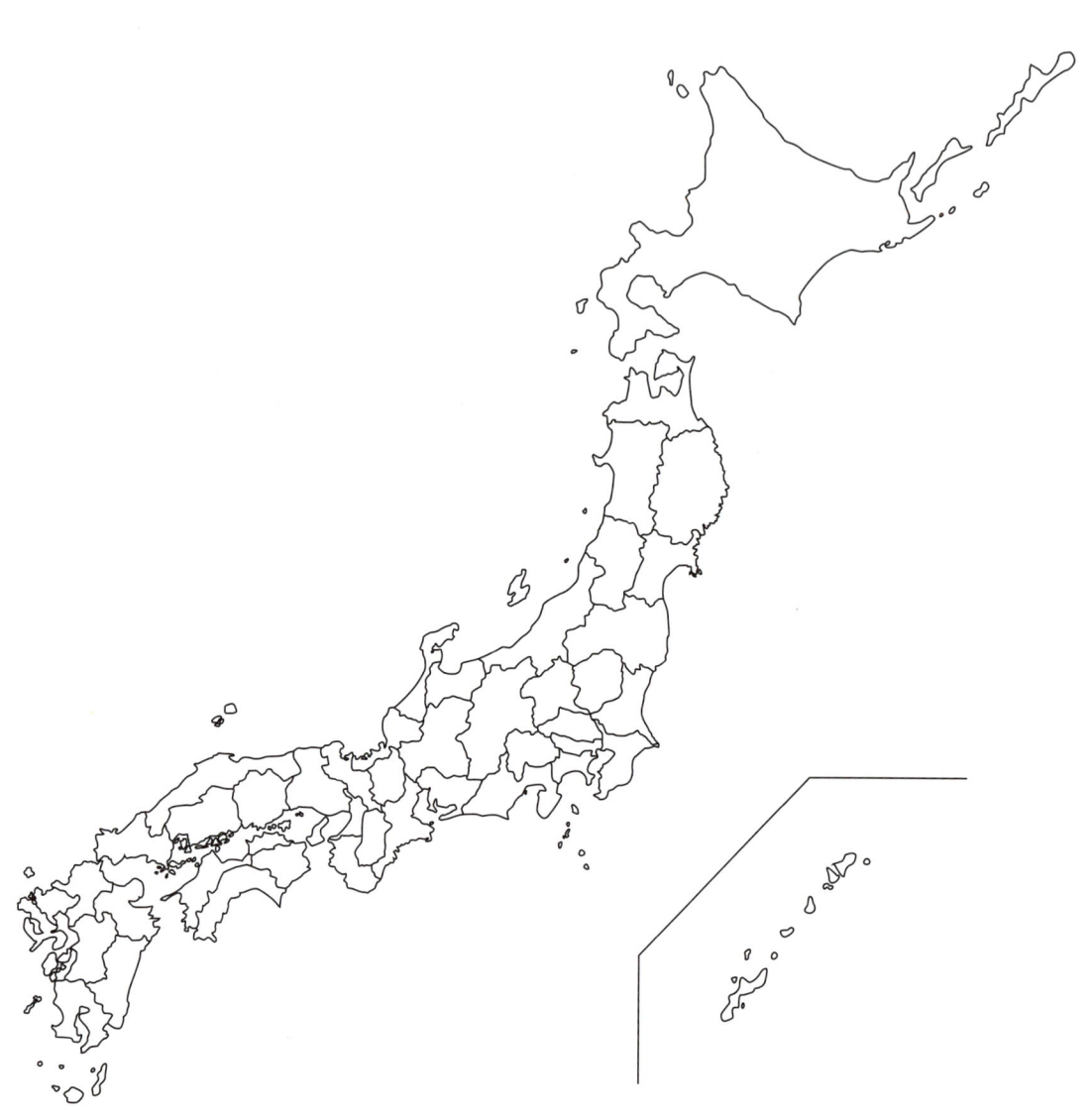

総合科目 JAPAN & THE WORLD

第1回模擬テスト

総合科目解答用紙
JAPAN & THE WORLD ANSWER SHEET

受験番号		名前	
Examinee Registration Number		Name	

↑ あなたの受験票と同じかどうか確かめてください。 Check that these are the same as your Examination Voucher. ↑

注意事項 Note

1. 必ず鉛筆（HB）で記入してください。
   Use a medium soft (HB or No.2) pencil.
2. この解答用紙を汚したり折ったりしてはいけません。
   Do not soil or bend this sheet.
3. マークは下のよい例のように、○わく内を完全にぬりつぶしてください。
   Marking Examples.

よい例 Correct	悪い例 Incorrect
●	⊗ ◯ ◐

4. 訂正する場合はプラスチック消しゴムで完全に消し、消しくずを残してはいけません。
   Erase any unintended marks completely and leave no rubber marks.
5. 解答番号は1から60まであります、問題のあるところまで答えて、あとはマークしないでください。
   Use only necessary rows and leave remaining rows blank.
6. 所定の欄以外には何も書いてはいけません。
   Do not write anything in the margins.
7. この解答用紙はすべて機械で処理しますので、以上の1から6までが守られていないと採点されません。
   The answer sheet will be processed mechanically. Failure to observe instructions above may result in rejection from evaluation.

解答番号	解 答 欄 Answer			
	1	2	3	4
1	①	②	③	④
2	①	②	③	④
3	①	②	③	④
4	①	②	③	④
5	①	②	③	④
6	①	②	③	④
7	①	②	③	④
8	①	②	③	④
9	①	②	③	④
10	①	②	③	④
11	①	②	③	④
12	①	②	③	④
13	①	②	③	④
14	①	②	③	④
15	①	②	③	④
16	①	②	③	④
17	①	②	③	④
18	①	②	③	④
19	①	②	③	④
20	①	②	③	④

解答番号	解 答 欄 Answer			
	1	2	3	4
21	①	②	③	④
22	①	②	③	④
23	①	②	③	④
24	①	②	③	④
25	①	②	③	④
26	①	②	③	④
27	①	②	③	④
28	①	②	③	④
29	①	②	③	④
30	①	②	③	④
31	①	②	③	④
32	①	②	③	④
33	①	②	③	④
34	①	②	③	④
35	①	②	③	④
36	①	②	③	④
37	①	②	③	④
38	①	②	③	④
39	①	②	③	④
40	①	②	③	④

解答番号	解 答 欄 Answer			
	1	2	3	4
41	①	②	③	④
42	①	②	③	④
43	①	②	③	④
44	①	②	③	④
45	①	②	③	④
46	①	②	③	④
47	①	②	③	④
48	①	②	③	④
49	①	②	③	④
50	①	②	③	④
51	①	②	③	④
52	①	②	③	④
53	①	②	③	④
54	①	②	③	④
55	①	②	③	④
56	①	②	③	④
57	①	②	③	④
58	①	②	③	④
59	①	②	③	④
60	①	②	③	④

総合科目 JAPAN & THE WORLD

第 2 回模擬テスト

総合科目解答用紙

JAPAN & THE WORLD ANSWER SHEET

| 受験番号 Examinee Registration Number | | 名前 Name | |

↑ あなたの受験票と同じかどうか確かめてください。Check that these are the same as your Examination Voucher. ↑

注意事項 Note

1. 必ず鉛筆（HB）で記入してください。
   Use a medium soft (HB or No.2) pencil.
2. この解答用紙を汚したり折ったりしてはいけません。
   Do not soil or bend this sheet.
3. マークは下のよい例のように、○わく内を完全にぬりつぶしてください。
   Marking Examples.

よい例 Correct	悪い例 Incorrect
●	⊗ ◐ ◯ ●

4. 訂正する場合はプラスチック消しゴムで完全に消し、消しくずを残してはいけません。
   Erase any unintended marks completely and leave no rubber marks.
5. 解答番号は1から60まであります。問題のあるところまで答えて、あとはマークしないでください。
   Use only necessary rows and leave remaining rows blank.
6. 所定の欄以外には何も書いてはいけません。
   Do not write anything in the margins.
7. この解答用紙はすべて機械で処理しますので、以上の1から6までが守られていないと採点されません。
   The answer sheet will be processed mechanically.
   Failure to observe instructions above may result in rejection from evaluation.

解答番号	解　答　欄 Answer			
	1	2	3	4
1	①	②	③	④
2	①	②	③	④
3	①	②	③	④
4	①	②	③	④
5	①	②	③	④
6	①	②	③	④
7	①	②	③	④
8	①	②	③	④
9	①	②	③	④
10	①	②	③	④
11	①	②	③	④
12	①	②	③	④
13	①	②	③	④
14	①	②	③	④
15	①	②	③	④
16	①	②	③	④
17	①	②	③	④
18	①	②	③	④
19	①	②	③	④
20	①	②	③	④

解答番号	解　答　欄 Answer			
	1	2	3	4
21	①	②	③	④
22	①	②	③	④
23	①	②	③	④
24	①	②	③	④
25	①	②	③	④
26	①	②	③	④
27	①	②	③	④
28	①	②	③	④
29	①	②	③	④
30	①	②	③	④
31	①	②	③	④
32	①	②	③	④
33	①	②	③	④
34	①	②	③	④
35	①	②	③	④
36	①	②	③	④
37	①	②	③	④
38	①	②	③	④
39	①	②	③	④
40	①	②	③	④

解答番号	解　答　欄 Answer			
	1	2	3	4
41	①	②	③	④
42	①	②	③	④
43	①	②	③	④
44	①	②	③	④
45	①	②	③	④
46	①	②	③	④
47	①	②	③	④
48	①	②	③	④
49	①	②	③	④
50	①	②	③	④
51	①	②	③	④
52	①	②	③	④
53	①	②	③	④
54	①	②	③	④
55	①	②	③	④
56	①	②	③	④
57	①	②	③	④
58	①	②	③	④
59	①	②	③	④
60	①	②	③	④

総合科目 JAPAN & THE WORLD

第3回模擬テスト

総合科目解答用紙
JAPAN & THE WORLD ANSWER SHEET

受験番号
Examinee Registration Number

名前
Name

↑ あなたの受験票と同じかどうか確かめてください。Check that these are the same as your Examination Voucher. ↑

解答番号	解答欄 Answer			
	1	2	3	4
1	①	②	③	④
2	①	②	③	④
3	①	②	③	④
4	①	②	③	④
5	①	②	③	④
6	①	②	③	④
7	①	②	③	④
8	①	②	③	④
9	①	②	③	④
10	①	②	③	④
11	①	②	③	④
12	①	②	③	④
13	①	②	③	④
14	①	②	③	④
15	①	②	③	④
16	①	②	③	④
17	①	②	③	④
18	①	②	③	④
19	①	②	③	④
20	①	②	③	④

解答番号	解答欄 Answer			
	1	2	3	4
21	①	②	③	④
22	①	②	③	④
23	①	②	③	④
24	①	②	③	④
25	①	②	③	④
26	①	②	③	④
27	①	②	③	④
28	①	②	③	④
29	①	②	③	④
30	①	②	③	④
31	①	②	③	④
32	①	②	③	④
33	①	②	③	④
34	①	②	③	④
35	①	②	③	④
36	①	②	③	④
37	①	②	③	④
38	①	②	③	④
39	①	②	③	④
40	①	②	③	④

解答番号	解答欄 Answer			
	1	2	3	4
41	①	②	③	④
42	①	②	③	④
43	①	②	③	④
44	①	②	③	④
45	①	②	③	④
46	①	②	③	④
47	①	②	③	④
48	①	②	③	④
49	①	②	③	④
50	①	②	③	④
51	①	②	③	④
52	①	②	③	④
53	①	②	③	④
54	①	②	③	④
55	①	②	③	④
56	①	②	③	④
57	①	②	③	④
58	①	②	③	④
59	①	②	③	④
60	①	②	③	④

注意事項 Note

1. 必ず鉛筆（HB）で記入してください。
   Use a medium soft (HB or No.2) pencil.

2. この解答用紙を汚したり折ったりしてはいけません。
   Do not soil or bend this sheet.

3. マークは下のよい例のように、〇わく内を完全にぬりつぶしてください。

   Marking Examples.

よい例 Correct	悪い例 Incorrect
●	⊘ ◯ ◐ ◑

4. 訂正する場合はプラスチック消しゴムで完全に消し、消しくずを残してはいけません。
   Erase any unintended marks completely and leave no rubber marks.

5. 解答番号は1から60まであります。問題のあるところまで答えて、あとはマークしないでください。
   Use only necessary rows and leave remaining rows blank.

6. 所定の欄以外には何も書いてはいけません。
   Do not write anything in the margins.

7. この解答用紙はすべて機械で処理しますので、以上の1から6までが守られていないと採点されません。
   The answer sheet will be processed mechanically.
   Failure to observe instructions above may result in rejection from evaluation.

総合科目 JAPAN & THE WORLD

第4回模擬テスト

総合科目解答用紙
JAPAN & THE WORLD ANSWER SHEET

受験番号 Examinee Registration Number	名前 Name

↑ あなたの受験票と同じかどうか確かめてください。Check that these are the same as your Examination Voucher. ↑

解答番号	解答欄 Answer			
	1	2	3	4
1	①	②	③	④
2	①	②	③	④
3	①	②	③	④
4	①	②	③	④
5	①	②	③	④
6	①	②	③	④
7	①	②	③	④
8	①	②	③	④
9	①	②	③	④
10	①	②	③	④
11	①	②	③	④
12	①	②	③	④
13	①	②	③	④
14	①	②	③	④
15	①	②	③	④
16	①	②	③	④
17	①	②	③	④
18	①	②	③	④
19	①	②	③	④
20	①	②	③	④

解答番号	解答欄 Answer			
	1	2	3	4
21	①	②	③	④
22	①	②	③	④
23	①	②	③	④
24	①	②	③	④
25	①	②	③	④
26	①	②	③	④
27	①	②	③	④
28	①	②	③	④
29	①	②	③	④
30	①	②	③	④
31	①	②	③	④
32	①	②	③	④
33	①	②	③	④
34	①	②	③	④
35	①	②	③	④
36	①	②	③	④
37	①	②	③	④
38	①	②	③	④
39	①	②	③	④
40	①	②	③	④

解答番号	解答欄 Answer			
	1	2	3	4
41	①	②	③	④
42	①	②	③	④
43	①	②	③	④
44	①	②	③	④
45	①	②	③	④
46	①	②	③	④
47	①	②	③	④
48	①	②	③	④
49	①	②	③	④
50	①	②	③	④
51	①	②	③	④
52	①	②	③	④
53	①	②	③	④
54	①	②	③	④
55	①	②	③	④
56	①	②	③	④
57	①	②	③	④
58	①	②	③	④
59	①	②	③	④
60	①	②	③	④

注意事項 Note

1. 必ず鉛筆（HB）で記入してください。
   Use a medium soft (HB or No.2) pencil.

2. この解答用紙を汚したり折ったりしてはいけません。
   Do not soil or bend this sheet.

3. マークは下のよい例のように、○わく内を完全にぬりつぶしてください。
   Marking Examples.

よい例 Correct	悪い例 Incorrect
●	⊘ ○ ◐

4. 訂正する場合はプラスチック消しゴムで完全に消し、消しくずを残してはいけません。
   Erase any unintended marks completely and leave no rubber marks.

5. 解答番号は1から60まであリますが、問題のあるところまで答えて、あとはマークしないでください。
   Use only necessary rows and leave remaining rows blank.

6. 所定の欄以外には何も書いてはいけません。
   Do not write anything in the margins.

7. この解答用紙はすべて機械で処理しますので、以上の1から6までが守られていないと採点されません。
   The answer sheet will be processed mechanically. Failure to observe instructions above may result in rejection from evaluation.

第 5 回模擬テスト

総 合 科 目 解 答 用 紙
JAPAN & THE WORLD ANSWER SHEET

受験番号　Examinee Registration Number

名　前　Name

↑ あなたの受験票と同じかどうか確かめてください。Check that these are the same as your Examination Voucher. ↑

注意事項 Note

1. 必ず鉛筆（HB）で記入してください。
   Use a medium soft (HB or No.2) pencil.
2. この解答用紙を汚したり折ったりしてはいけません。
   Do not soil or bend this sheet.
3. マークは下のよい例のように、○わく内を完全にぬりつぶしてください。

   Marking Examples.

よい例 Correct	悪い例 Incorrect
●	⊗ ◐ ◯ ●

4. 訂正する場合はプラスチック消しゴムで完全に消し、消しくずを残してはいけません。
   Erase any unintended marks completely and leave no rubber marks.
5. 解答番号は1から60まであります。問題のあるところまで答えて、あとはマークしないでください。
   Use only necessary rows and leave remaining rows blank.
6. 所定の欄以外には何も書いてはいけません。
   Do not write anything in the margins.
7. この解答用紙はすべて機械で処理しますので、以上の1から6までが守られていないと採点されません。
   The answer sheet will be processed mechanically. Failure to observe instructions above may result in rejection from evaluation.

総合科目 JAPAN & THE WORLD

第6回模擬テスト

総合科目解答用紙
JAPAN & THE WORLD ANSWER SHEET

受験番号 Examinee Registration Number		名前 Name	

↑ あなたの受験票と同じかどうか確かめてください。Check that these are the same as your Examination Voucher. ↑

注意事項 Note

1. 必ず鉛筆（HB）で記入してください。
   Use a medium soft (HB or No.2) pencil.
2. この解答用紙を汚したり折ったりしてはいけません。
   Do not soil or bend this sheet.
3. マークは下のよい例のように、○わく内を完全にぬりつぶしてください。
   Marking Examples.

よい例 Correct	悪い例 Incorrect
●	⊗ ◐ ◯ ◉

4. 訂正する場合はプラスチック消しゴムで完全に消し、消しくずを残してはいけません。
   Erase any unintended marks completely and leave no rubber marks.
5. 解答番号は1から60まであります、問題のあるところまで答えて、あとはマークしないでください。
   Use only necessary rows and leave remaining rows blank.
6. 所定の欄以外には何も書いてはいけません。
   Do not write anything in the margins.
7. この解答用紙はすべて機械で処理しますので、以上の1から6までが守られていないと採点されません。
   The answer sheet will be processed mechanically. Failure to observe instructions above may result in rejection from evaluation.

解答番号	解答欄 Answer			
	1	2	3	4
1	①	②	③	④
2	①	②	③	④
3	①	②	③	④
4	①	②	③	④
5	①	②	③	④
6	①	②	③	④
7	①	②	③	④
8	①	②	③	④
9	①	②	③	④
10	①	②	③	④
11	①	②	③	④
12	①	②	③	④
13	①	②	③	④
14	①	②	③	④
15	①	②	③	④
16	①	②	③	④
17	①	②	③	④
18	①	②	③	④
19	①	②	③	④
20	①	②	③	④

解答番号	解答欄 Answer			
	1	2	3	4
21	①	②	③	④
22	①	②	③	④
23	①	②	③	④
24	①	②	③	④
25	①	②	③	④
26	①	②	③	④
27	①	②	③	④
28	①	②	③	④
29	①	②	③	④
30	①	②	③	④
31	①	②	③	④
32	①	②	③	④
33	①	②	③	④
34	①	②	③	④
35	①	②	③	④
36	①	②	③	④
37	①	②	③	④
38	①	②	③	④
39	①	②	③	④
40	①	②	③	④

解答番号	解答欄 Answer			
	1	2	3	4
41	①	②	③	④
42	①	②	③	④
43	①	②	③	④
44	①	②	③	④
45	①	②	③	④
46	①	②	③	④
47	①	②	③	④
48	①	②	③	④
49	①	②	③	④
50	①	②	③	④
51	①	②	③	④
52	①	②	③	④
53	①	②	③	④
54	①	②	③	④
55	①	②	③	④
56	①	②	③	④
57	①	②	③	④
58	①	②	③	④
59	①	②	③	④
60	①	②	③	④

総合科目 JAPAN & THE WORLD

第7回模擬テスト

総合科目解答用紙

JAPAN & THE WORLD ANSWER SHEET

受験番号
Examinee Registration Number

名前
Name

↑ あなたの受験票と同じかどうか確かめてください。Check that these are the same as your Examination Voucher. ↑

解答番号	解答欄 Answer			
	1	2	3	4
1	①	②	③	④
2	①	②	③	④
3	①	②	③	④
4	①	②	③	④
5	①	②	③	④
6	①	②	③	④
7	①	②	③	④
8	①	②	③	④
9	①	②	③	④
10	①	②	③	④
11	①	②	③	④
12	①	②	③	④
13	①	②	③	④
14	①	②	③	④
15	①	②	③	④
16	①	②	③	④
17	①	②	③	④
18	①	②	③	④
19	①	②	③	④
20	①	②	③	④

解答番号	解答欄 Answer			
	1	2	3	4
21	①	②	③	④
22	①	②	③	④
23	①	②	③	④
24	①	②	③	④
25	①	②	③	④
26	①	②	③	④
27	①	②	③	④
28	①	②	③	④
29	①	②	③	④
30	①	②	③	④
31	①	②	③	④
32	①	②	③	④
33	①	②	③	④
34	①	②	③	④
35	①	②	③	④
36	①	②	③	④
37	①	②	③	④
38	①	②	③	④
39	①	②	③	④
40	①	②	③	④

解答番号	解答欄 Answer			
	1	2	3	4
41	①	②	③	④
42	①	②	③	④
43	①	②	③	④
44	①	②	③	④
45	①	②	③	④
46	①	②	③	④
47	①	②	③	④
48	①	②	③	④
49	①	②	③	④
50	①	②	③	④
51	①	②	③	④
52	①	②	③	④
53	①	②	③	④
54	①	②	③	④
55	①	②	③	④
56	①	②	③	④
57	①	②	③	④
58	①	②	③	④
59	①	②	③	④
60	①	②	③	④

注意事項 Note

1. 必ず鉛筆（HB）で記入してください。
   Use a medium soft (HB or No.2) pencil.

2. この解答用紙を汚したり折ったりしてはいけません。
   Do not soil or bend this sheet.

3. マークは下のよい例のように、○わく内を完全にぬりつぶしてください。

   Marking Examples.

よい例 Correct	悪い例 Incorrect
●	⊗ ◐ ◯

4. 訂正する場合はプラスチック消しゴムで完全に消し、消しくずを残してはいけません。
   Erase any unintended marks completely and leave no rubber marks.

5. 解答番号は1から60まであります。問題のあるところまで答えて、あとはマークしないでください。
   Use only necessary rows and leave remaining rows blank.

6. 所定の欄以外には何も書いてはいけません。
   Do not write anything in the margins.

7. この解答用紙はすべて機械で処理しますので、以上の1から6までが守られていないと採点されません。
   The answer sheet will be processed mechanically. Failure to observe instructions above may result in rejection from evaluation.

総合科目 JAPAN & THE WORLD

第 8 回模擬テスト

総 合 科 目 解 答 用 紙

JAPAN & THE WORLD ANSWER SHEET

受験番号
Emaminee Registration Number

名 前
Name

↑ あなたの受験票と同じかどうか確かめてください。 Check that these are the same as your Examination Voucher. ↑

解答番号	解 答 欄 Answer			
	1	2	3	4
1	①	②	③	④
2	①	②	③	④
3	①	②	③	④
4	①	②	③	④
5	①	②	③	④
6	①	②	③	④
7	①	②	③	④
8	①	②	③	④
9	①	②	③	④
10	①	②	③	④
11	①	②	③	④
12	①	②	③	④
13	①	②	③	④
14	①	②	③	④
15	①	②	③	④
16	①	②	③	④
17	①	②	③	④
18	①	②	③	④
19	①	②	③	④
20	①	②	③	④

解答番号	解 答 欄 Answer			
	1	2	3	4
21	①	②	③	④
22	①	②	③	④
23	①	②	③	④
24	①	②	③	④
25	①	②	③	④
26	①	②	③	④
27	①	②	③	④
28	①	②	③	④
29	①	②	③	④
30	①	②	③	④
31	①	②	③	④
32	①	②	③	④
33	①	②	③	④
34	①	②	③	④
35	①	②	③	④
36	①	②	③	④
37	①	②	③	④
38	①	②	③	④
39	①	②	③	④
40	①	②	③	④

解答番号	解 答 欄 Answer			
	1	2	3	4
41	①	②	③	④
42	①	②	③	④
43	①	②	③	④
44	①	②	③	④
45	①	②	③	④
46	①	②	③	④
47	①	②	③	④
48	①	②	③	④
49	①	②	③	④
50	①	②	③	④
51	①	②	③	④
52	①	②	③	④
53	①	②	③	④
54	①	②	③	④
55	①	②	③	④
56	①	②	③	④
57	①	②	③	④
58	①	②	③	④
59	①	②	③	④
60	①	②	③	④

注意事項 Note

1. 必ず鉛筆（HB）で記入してください。
   Use a medium soft (HB or No.2) pencil.

2. この解答用紙を汚したり折ったりしてはいけません。
   Do not soil or bend this sheet.

3. マークは下のよい例のように、○わく内を完全にぬりつぶしてください。
   Marking Examples.

よい例 Correct	悪い例 Incorrect
●	⊗ ◯ ◐ ◑

4. 訂正する場合はプラスチック消しゴムで完全に消し、消しくずを残してはいけません。
   Erase any unintended marks completely and leave no rubber marks.

5. 解答番号は1から60まであります、問題のあるところまで答えて、あとはマークしないでください。
   Use only necessary rows and leave remaining rows blank.

6. 所定の欄以外には何も書いてはいけません。
   Do not write anything in the margins.

7. この解答用紙はすべて機械で処理しますので、以上の1から6までが守られていないと採点されません。
   The answer sheet will be processed mechanically.
   Failure to observe instructions above may result in rejection from evaluation.

総合科目 JAPAN & THE WORLD

第9回模擬テスト

総合科目解答用紙
JAPAN & THE WORLD ANSWER SHEET

受験番号 Examinee Registration Number	名前 Name

↑ あなたの受験票と同じかどうか確かめてください。Check that these are the same as your Examination Voucher. ↑

注意事項 Note

1. 必ず鉛筆（HB）で記入してください。
   Use a medium soft (HB or No.2) pencil.

2. この解答用紙を汚したり折ったりしてはいけません。
   Do not soil or bend this sheet.

3. マークは下のよい例のように、○わく内を完全にぬりつぶしてください。
   Marking Examples.

よい例 Correct	悪い例 Incorrect
●	⊗ ○ ◐

4. 訂正する場合はプラスチック消しゴムで完全に消し、消しくずを残してはいけません。
   Erase any unintended marks completely and leave no rubber marks.

5. 解答番号は1から60まであります が、問題のあるところまで答えて、あとはマークしないでください。
   Use only necessary rows and leave remaining rows blank.

6. 所定の欄以外には何も書いてはいけません。
   Do not write anything in the margins.

7. この解答用紙はすべて機械で処理しますので、以上の1から6までが守られていないと採点されません。
   The answer sheet will be processed mechanically. Failure to observe instructions above may result in rejection from evaluation.

解答番号	解答欄 Answer 1 2 3 4
1	① ② ③ ④
2	① ② ③ ④
3	① ② ③ ④
4	① ② ③ ④
5	① ② ③ ④
6	① ② ③ ④
7	① ② ③ ④
8	① ② ③ ④
9	① ② ③ ④
10	① ② ③ ④
11	① ② ③ ④
12	① ② ③ ④
13	① ② ③ ④
14	① ② ③ ④
15	① ② ③ ④
16	① ② ③ ④
17	① ② ③ ④
18	① ② ③ ④
19	① ② ③ ④
20	① ② ③ ④

解答番号	解答欄 Answer 1 2 3 4
21	① ② ③ ④
22	① ② ③ ④
23	① ② ③ ④
24	① ② ③ ④
25	① ② ③ ④
26	① ② ③ ④
27	① ② ③ ④
28	① ② ③ ④
29	① ② ③ ④
30	① ② ③ ④
31	① ② ③ ④
32	① ② ③ ④
33	① ② ③ ④
34	① ② ③ ④
35	① ② ③ ④
36	① ② ③ ④
37	① ② ③ ④
38	① ② ③ ④
39	① ② ③ ④
40	① ② ③ ④

解答番号	解答欄 Answer 1 2 3 4
41	① ② ③ ④
42	① ② ③ ④
43	① ② ③ ④
44	① ② ③ ④
45	① ② ③ ④
46	① ② ③ ④
47	① ② ③ ④
48	① ② ③ ④
49	① ② ③ ④
50	① ② ③ ④
51	① ② ③ ④
52	① ② ③ ④
53	① ② ③ ④
54	① ② ③ ④
55	① ② ③ ④
56	① ② ③ ④
57	① ② ③ ④
58	① ② ③ ④
59	① ② ③ ④
60	① ② ③ ④

総合科目 JAPAN & THE WORLD

第10回模擬テスト

総合科目解答用紙
JAPAN & THE WORLD ANSWER SHEET

受験番号	名前
Examinee Registration Number	Name

↑ あなたの受験票と同じかどうか確かめてください。Check that these are the same as your Examination Voucher. ↑

注意事項 Note

1. 必ず鉛筆（HB）で記入してください。
   Use a medium soft (HB or No.2) pencil.

2. この解答用紙を汚したり折ったりしてはいけません。
   Do not soil or bend this sheet.

3. マークは下のよい例のように、○わく内を完全にぬりつぶしてください。
   Marking Examples.

よい例 Correct	悪い例 Incorrect
●	⊗ ◐ ◯

4. 訂正する場合はプラスチック消しゴムで完全に消し、消しくずを残してはいけません。
   Erase any unintended marks completely and leave no rubber marks.

5. 解答番号は1から60まであります。問題のあるところまで答えて、あとはマークしないでください。
   Use only necessary rows and leave remaining rows blank.

6. 所定の欄以外には何も書いてはいけません。
   Do not write anything in the margins.

7. この解答用紙はすべて機械で処理しますので、以上の1から6までが守られていないと採点されません。
   The answer sheet will be processed mechanically. Failure to observe instructions above may result in rejection from evaluation.

解答番号	解答欄 Answer			
	1	2	3	4
1	①	②	③	④
2	①	②	③	④
3	①	②	③	④
4	①	②	③	④
5	①	②	③	④
6	①	②	③	④
7	①	②	③	④
8	①	②	③	④
9	①	②	③	④
10	①	②	③	④
11	①	②	③	④
12	①	②	③	④
13	①	②	③	④
14	①	②	③	④
15	①	②	③	④
16	①	②	③	④
17	①	②	③	④
18	①	②	③	④
19	①	②	③	④
20	①	②	③	④

解答番号	解答欄 Answer			
	1	2	3	4
21	①	②	③	④
22	①	②	③	④
23	①	②	③	④
24	①	②	③	④
25	①	②	③	④
26	①	②	③	④
27	①	②	③	④
28	①	②	③	④
29	①	②	③	④
30	①	②	③	④
31	①	②	③	④
32	①	②	③	④
33	①	②	③	④
34	①	②	③	④
35	①	②	③	④
36	①	②	③	④
37	①	②	③	④
38	①	②	③	④
39	①	②	③	④
40	①	②	③	④

解答番号	解答欄 Answer			
	1	2	3	4
41	①	②	③	④
42	①	②	③	④
43	①	②	③	④
44	①	②	③	④
45	①	②	③	④
46	①	②	③	④
47	①	②	③	④
48	①	②	③	④
49	①	②	③	④
50	①	②	③	④
51	①	②	③	④
52	①	②	③	④
53	①	②	③	④
54	①	②	③	④
55	①	②	③	④
56	①	②	③	④
57	①	②	③	④
58	①	②	③	④
59	①	②	③	④
60	①	②	③	④